从梦想到影响：
一流慈善的艺术

GIVE SMART: Philanthropy that Gets Results

（美）托马斯·蒂尔尼（Thomas J. Tierney）著
（美）约尔·弗莱什曼（Joel L. Fleishman）

于海生 译

图书在版编目(CIP)数据

从梦想到影响:一流慈善的艺术/(美)蒂尔尼,(美)弗莱什曼著;于海生译.—北京:华夏出版社,2014.1
书名原文:GIVE SMART
ISBN 978-7-5080-7759-8

Ⅰ.①从… Ⅱ.①蒂… ②弗… ③于… Ⅲ.①慈善事业-研究 Ⅳ.①C913.7

中国版本图书馆 CIP 数据核字(2013)第 176624 号

GIVE SMART:Philanthropy that Gets Results by Thomas J. Tierney, Joel L. Fleishman
Copyright © 2010 by Thomas J. Tierney, Joel L. Fleishman
Simplified Chinese translation copyright © 2013 by Huaxia Publishing House
Published by arrangement with PublicAffairs, a Member of Perseus Books Group
through Bardon-Chinese Media Agency
ALL RIGHTS RESERVED

本书中文简体版权由 Thomas J. Tierney, Joel L. Fleishman 授予华夏出版社,版权为华夏出版社所有。未经出版者书面允许,不得以任何方式复制或抄袭本书内容。
版权所有 翻印必究
北京市版权局著作权合同登记号:图字 01-2011-6284

从梦想到影响:一流慈善的艺术

作　　者	[美]蒂尔尼　[美]弗莱什曼　译　者　于海生
责任编辑	李欣利
出版发行	华夏出版社
经　　销	新华书店
印　　刷	北京市人民文学印刷厂
装　　订	三河市李旗庄少明印装厂
版　　次	2014 年 1 月北京第 1 版　2014 年 1 月北京第 1 次印刷
开　　本	880×1230　1/32 开
印　　张	10
字　　数	158 千字
定　　价	28.00 元

华夏出版社　地址:北京市东直门外香河园北里 4 号　邮编:100028
　　　　　　网址:http://www.hxph.com.cn　电话:(010)64663331(转)
若发现本版图书有印装质量问题,请与我社营销中心联系调换。

目 录

前言 / 1
序言 / 1
第一章 我的价值观和信念是什么 / 1
  奥米戴尔夫妇：使用网络驱动变革 / 4
  朱利叶斯·罗森沃尔德：创建更好的学校 / 5
  约翰·多尔：给国家公路加上条纹 / 8
  一切慈善都是个人化的 / 11
  你究竟在意什么 / 15
  个人化的发现之旅 / 23
  明晰性是关键 / 25
  模糊性是大忌 / 29
  慈善不是一次性的活动 / 35

第二章 什么是"成功"以及怎样获得成功 / 39
  詹姆斯·欧文基金会：把中学和大学以及职业联系起来 / 41
  明晰性：什么是成功 / 45

克拉伦斯·戴：帮助被忽略的孩子 / 49

桑德勒基金会：揭露腐败和滥用权力现象 / 52

现实性：如何获得成功 / 54

德雷珀·理查兹基金会：为社会企业家投资 / 55

什么是"战略" / 58

芭芭拉·李家族基金会：让更多的女性参与公职 / 59

一个慷慨的捐赠者：大力支持土地保护 / 61

研究"地形地貌" / 66

杰夫·沃尔克：恰当利用成功的解决方案 / 70

迈克尔·J.福克斯基金会：找到真正的"空白领域" / 72

不要低估面临的挑战 / 75

第三章　我应当为什么负责 / 81

我能够提供哪些资源 / 83

让你的金钱创造出最大价值 / 87

以最佳方式利用你的时间 / 97

以最佳方式利用你的影响 / 102

我愿意动用哪些资源 / 108

卓越的标准是自我强加的 / 122

目 录

第四章　怎样才能把工作做好 / 127

约翰·西蒙：采纳并灵活使用新观念 / 129

我需要的那种恰当的能力是什么 / 134

谁是"第一人选" / 136

你的首次招聘 / 139

"不恰当"的人选 / 142

哪个更重要：是战略还是人才 / 145

你的董事会懂得"慈善的艺术"吗 / 149

正确地制定决策 / 153

你有成本意识吗 / 157

受让人怎样才能把工作做好 / 161

第五章　我应当怎样和受让人合作 / 173

埃德娜·麦康内尔·克拉克基金会：让更多的年轻人受益 / 175

恰当的选择：以事实为依据 / 180

资格审查必不可少 / 184

对于成功的一个共同定义 / 193

战略中断 / 198

慈善资本的成本 / 202

通过你的受让人的眼睛看世界 / 207

培养一种建设性的工作关系 / 212

善始善终 / 219

不要让合作变成一次"事故" / 221

第六章　我能够做到更好吗 / 225

只有学习才能进步 / 230

既要和受让人一起学习，也要向他们学习 / 233

支持你的受让人不断改进 / 238

我会成为一个更出色的慈善家吗 / 242

我的战略走上正轨了吗 / 246

我能够合理分配我的资源吗 / 250

谁是能对我说真话的人 / 254

为什么是"现在" / 259

为什么是"我" / 263

"星期一上午待办事项"清单 / 265

"我的价值观和信念是什么？" / 266

"什么是'成功'以及如何取得成功？" / 267

"我需要为什么负责？" / 268

"完成这项工作需要做什么？" / 268

"我怎样和受让人合作？" / 269

"我能够做到更好吗？" / 270

鸣谢 / 273

译后记 / 279

前　言

我们相信，通过你付出的时间和金钱，你有能力取得更大的成就——只要你恰当地运用个人智慧并使之顺应你的心愿，只要你能够直面一系列有价值的问题，只要你愿意进行必要的尝试的话。挖掘慈善事业全部潜力的关键，就在于这三个"只要"，无论是对于捐赠人还是对于基金会而言都是如此。

我们相信，所有的慈善事业都是非常个人化的和高度系统化的。这当中不涉及任何你可以永远依靠的简单步骤、特殊的程序或者可信的工具。我们相信，通过在适当的时间并以适当的方式提出适当的问题，你就更容易实现你想给这个世界带来的变化。你也将拥有更多的乐趣，而且会过上更丰富、更有意义的生活。

这些信念促使我们创作出这本书。我们撰写本书的主要目标，就是要为那些服务于社会的人服务，我们所采取的方式将真正帮助他们实现更好的结果，这既是为了他们的社区乃至他们的国家，也是为了我们的这个世界。我们的读者群都包括哪些人呢？首先是每一个参与慈善事业的人：个人捐赠者和他们的家庭、基金会负责人、慈善顾问、受托人，以及决心在慈善事业中有所作为的所有类型的决策者。他们都需要知道如何使用自己的慈善资源，他们对于慈善资源的管理应当取得尽可能理想的结果。我们期待这本书也将证明，它对于慈善捐赠的接收端的一方而言同样是有价值的。这里所说的接收端，主要是指承担各种使命或任务的组织（这些组织就是所谓慈善事业的"受让人"）的领导者。

本书介绍的观点都是我们的个人经验和机构经验的结晶。它们能够在理论与实践、商业和学术、捐赠与受赠之间架起桥梁。事实上，这本书是我们从迥然不同的起点出发而展开的一次殊途同归的旅行。汤姆最初在商业界起家，他所从事的管理咨询事业最终使他成为贝恩管理咨询公司全球事业部负责人；他一直是许多非营利组织的董事会成员。约尔最初涉足学术，并总结出有关基金会及其慈善捐赠行为的新知识；他最终成为杜克大学桑福德公共政策学院战略慈善事业和民间团体中心的创建者和资源部主席。

我们各自展开的旅行大约在十五年前汇聚为一点，当时约尔是大西洋慈善企业驻美国分公司总裁。约尔坚持鼓励汤姆追求他的梦想：这种鼓励本身，再加上大西洋慈善企业的强大资金，催生出在2000年开始成为贝恩公司子公司的布里奇斯班（Bridgespan）慈善咨询公司，一个独立的非营利组织。此后，它开展了一系列首创性的旨在帮助个人和组织取得突破性的社会成果的活动。

布里奇斯班慈善咨询公司完成其使命的方式之一，就是和数百个非营利组织合作——其跨越的领域从教育、到环境到社区开发——为服务供应商、宣传组织和中介机构提供帮助。与此同时，布里奇斯班也和慈善家以及基金会紧密合作，从而将捐赠者和受赠者密切联系在一起。由这一双重视角所启发并形成的洞见，塑造而且扩展了汤姆的思维方式。本书是以他的论文《追求具有更大影响力的慈善事业》为基础的，该文于2006年被威廉·达蒙和苏珊·韦尔杜奇主编的《严肃对待慈善事业》一书所收录。

与此同时，约尔也在追求他自己的梦想：致力于让慈善家、尤其是基金会在慈善捐赠方面变得更有效率。他的努力在2007年取得了成效：在当年出版了《基金会：一个伟大的美国秘密》一书和一本相关的案例汇编，它们一起构成了自

20世纪初期以来美国慈善事业发展历程的记录。

就在我们各自追求梦想的同时,我们彼此间开始不断沟通和交换意见。我们渐渐地意识到,我们二人的经验是高度互补的:约尔热衷于那些旨在研究和资助受让人的项目的基金会,而布里奇斯班公司为其中的许多受让人以及范围广泛的个人慈善家提供服务。我们的思维也是高度兼容的,于是,我们开始讨论撰写一本书,以便把我们的经验和观点压缩成内容紧凑的形式并公之于世。

你现在手里拿到的,正是我们共同努力的结果。

读者很快就会发现,这本书有两个核心倾向:一种倾向是侧重于对决策制定这一目标至关重要的内容,另一种倾向是侧重于务实性,尤其是强化了在现实世界中被证明行之有效的理念。我们总是与学者、顾问、政策制定者和社会部门的工作人员彼此合作并取其所长,而本书其实具有更为明确的读者对象,那就是那些承担着一种令人敬畏的责任的人——他们会把钱捐赠出去而且不再拥有它们,与此同时,这些钱也要实现最理想的结果。做到这一点并不容易,而这些人有理由也有资格获取最佳的慈善理念。

每一本书都有改进的余地。我们的希望是,你不但会发现我们的工作对你很有用，而且，你能够加入你自己的想法和观点。慈善事业是所有事业当中最高贵的事业，它现在已发展成为一种充满活力的事业，而且，各种新颖的慈善观念正在从相关社会部门和全球范围内不断涌现。我们渴望听到你自己对于慈善事业发展的认识。为了达到这一目的，请和我们一道，通过布里奇斯班公司的网页（www.givesmart.org）更新和增加相关理念，这样一来，我们的旅行就能够继续下去并不断扩展其影响力。

托马斯·J. 蒂尔尼
布里奇斯班慈善咨询公司董事会主席

约尔·弗莱什曼
杜克大学法律和公共政策教授

序 言

从梦想到影响

我正在捐钱——有些人会说那可是很多钱。但是，与我从周围看到的需求相比，这些钱实在是杯水车薪：城市贫民窟和贫困的农村，在糟糕的校舍里读书的孩子和根本没有机会上学的孩子，被砍伐的森林和不洁净的水，会造成严重后果的多种疾病。无论在国内还是国外，对于金钱的需求是巨大的。我的愿望远远超过我的资源，以至于我有时会觉得我是在做螳臂当车的事。我想让我捐出的钱发挥最大的作用……可是，如何做到呢？

在美国乃至在整个世界，我们已经从慈善世界的每一个角落听到过这种情怀。这种声音得到了更多人的呼应，这些人包括：每年捐赠多达数亿美元的经验丰富的捐助者和拥有新建立的捐赠者指导型资金的慈善新人；参与私人基金会事务的家庭,以及基金会的独立董事和顾问;包括从首席执行官到项目官员在内的各种类型的基金会决策者。这些呼应者的身份和具体情况差别很大,但他们都有一个梦想,就是要让他们的慈善事业取得最佳结果。他们也有一种挥之不去的担忧,那就是他们实际上没有能力实现更多的自我价值。

这种担忧是合情合理的。每一个捐赠者都希望他(她)的钱能够真正发挥作用和产生影响,没有谁希望那些来之不易的财富(他们自己的财富或是某个捐助人的财富)被白白浪费掉。不过,表现不如预期是慈善事业的自然状态。促使人们为了他人所需而慷慨捐赠个人财富的行为,是人性最理想状态的一种完美表达,而且它能够给一个捐赠者的人生带来极大的乐趣。然而,如果你渴望留下一定数量的遗产,并让它产生非同寻常的结果,那么仅仅有慷慨是不够的。一种慈善事业是否出色,既要看它取得的结果,也要看慈善行为本身的意义。作为你对于内心的慷慨的一种补充,你需要系统地考虑你希望实现的目标:什么是符合你对于成功的定义的结果,什么是取得成功的途径和手段,以及促使这种结果在一段时间后产生更佳效果的方式是什么。

从事慈善事业的严格做法,就是我们所说的要学会"聪明地捐赠"。它听上去可能没什么特别之处。实际上,与它乍看上去相比,它的内涵要复杂得多,也要有价值得多。

慈善事业的"可怕真相"

捐资很容易。只要你在一张支票底部签上你的名字,或者在一个家族基金会会议上表态同意财产转让项目的一纸候选名单,或者是接受有某种抱负的受让人的建议和请求,你就能够把钱捐出去了。不过,学会聪明地捐赠以便使之产生结果,同时确保结果在未来产生更大的影响,做到这一点并非易事。除了许多慈善家需要处理的那些问题本身所具有的难度以外,你还必须面对植根于社会部门现实状况的某些"可怕的真相":所有的慈善事业都具有个人化的性质。慈善活动的结果可能令人困惑。卓越的标准是自我强加的。

一切慈善事业都是个人化的。仅就美国而言,就有超过一百万个非营利组织在从事包括从资助艺术到组织动物学探险在内的各种活动。这些丰富多彩的"动态景观",是个人和基金会可以自由地支持他们最关心的事业的结果。这一自由也解释了为什么——这是完全可以理解的——所有慈善捐赠的推动力并非完全（或主要）来自于取得成果的愿望。

　　慈善事业不仅是个人化的，而且作为捐赠者，我们的捐赠之举是出于多种不同的原因：对于我们的社区或者同事的责任（"贡献我的一份力量"），个人关系（"我不能说不"），回报或补偿的需求，履行我们的志愿者承诺（"我们需要在场的各位百分之百地参与其中"）。根据我们的不同情况，捐赠数额可能相对较小，也可能很大，比如每年向教育、医疗和文化机构的多达六位、七位甚至八位数字的庞大数额的捐赠。总之，这种捐赠背后的动机主要都是个人化的。取得的实际结果当然很重要，但结果本身并不是驱动力。

　　当机构取代个人而成为资金来源时，慈善事业的个人化"主根"并不会消失，尽管这一点很少被公开讨论。在家庭管理的基金会当中，受托人会自然地感受到对于机构资产的拥有感，而且他们的兴趣和世界观很可能会影响机构捐赠行为的本质和侧重点。具有专业工作人员的基金会通常具有明确的制度和工作程序，尽管相对而言，他们的项目经理在捐赠建议方面经常有相当大的自由度，这就如同首席执行官在董事会面前往往可以最终拍板，决定选择哪种行动方案一样。因为在这些人当中，许多人都是在其经验和专业知识的基础上而被招募的，所以机构会对他们的判断力给予足够多的信任，这一点儿也不令人惊奇。但是，同样也不应该使人感到奇怪的是，许多日常决定都带有他们的个人化痕迹。

慈善活动的结果可能令人困惑。在复杂的慈善领域，仿佛看得见摸得着的慈善行动——例如，资助建造一个新的海洋生物学实验室，或者购买用作保护区的土地——几乎都是一目了然的。作为捐赠者，我们可以以我们的贡献行为本身为荣，而无须担心我们付出的代价可能并未取得理想的结果。相比之下，其他慈善活动的结果——资助一个课外辅导计划，发起有关全球变暖的研究，支持当地一个社区的重建——可能是很难量化的。我们可以相信，这些捐赠或者赞助行为可以"起到作用"。

但是和一处建筑工地不同，我们不能轻易地看到工作的进行状态，我们也不可能确定我们看到的任何结果都直接来自于我们的付出。

另外，对慈善行为的结果的反馈可能是模糊的，甚至是可疑的。当你参与或从事某种捐赠事业时，人们往往有一种倾向，那就是要告诉你他们认为你想听到的东西。当你的周围全是笑脸，当你的耳朵被那些使人宽心的说辞所充斥，即便你是一个最客观和受过最严格训练的捐赠者，你也会自然而然地认为，你真的正在取得出色的结果。各方的个人动机各有不同：捐赠者需要对他们的贡献自我感觉良好；如果希望得到未来资助，那么资金的当前和潜在接受者需要赢得喜爱或青睐。如果无法获取确凿的事实为自己提供帮助，即便是怀着最大善意的人也很容易遭到失败。

卓越的标准是自我强加的。在所有真相当中最后一个也是最可怕的真相就是：慈善事业没有内在的、用以推动持续改良的系统性力量。外部责任的缺失给了慈善事业一种自由，使它可以代表社会利益进行实验、承担风险以及追求长期目标。与此同时，它也意味着你不要求自己达到卓越的标准，那就没人会要求你做到这一点。

与商业领导者不同，慈善家没有用以参与竞争的市场动力。没有任何竞争者会与之较量，以便从他们那里抢走市场份额，没有任何客户会因为他们不能提供产品和服务，从而把钱花在别处，也没有任何股东会在经过权衡之后，最终抛售他们的股票。他们也不需要向公众进行解释，就像政治家最终都必须做到的那样。捐赠过程通常是通过永久建立的基金会而实现的，它与任何外部压力绝缘（或者彼此隔离），而不需要遵守管理法和税法。

在这个像加拉帕戈斯群岛（位于太平洋东部，属厄瓜多尔管辖的火山群岛，现存多种不寻常的动物物种，被人称作"独特的活的生物进化博物馆和陈列室"，——译者注）一样没有任何外来敌人的领域，慈善事业有长期存在的倾向，但却没有为自己树立高标准的倾向。因此，无论你是一个捐赠者、一个受托人，还是一个基金会工作人员，如果你想缩小你的愿望和你的捐赠的结果之间的距离，你就必须愿意为自己设定卓越这一标准，并且要让自己为实现这一标准负责。

这是一个不小的挑战。自我设定的责任并不是一个自然行为。它需要非凡的决心和纪律，年复一年地去追求卓越的结果，因为在周围的环境中，没有任何事物需要你这样做。当你处理复杂的慈善事务时，考虑到这当中没有任何经过验证的策略而且结果很难评估，这就尤其是一种非自然的情况。帮助改变一个生来贫困的孩子的命运或者遏制全球变暖带来的影响的难度，显然要远远大于制作一个普通的小工具。不过，达到卓越标准的慈善行为的例子必然是存在的。作为一个例证，不妨考虑一下费歇尔家族与KIPP（"'知识就是力量'计划"基金会）之间的合作取得的显著结果。

多丽丝和唐·费歇尔：在慈善事业中交出"全优"答卷

1969年，多丽丝和唐·费歇尔在旧金山开设了第一家Gap服装商店。在此之前，他们曾因从来找不到真正适合费歇尔穿的裤子而感到恼火，于是便研究了问题的根源，并开始销售他们自己的服装。这样一来，借助于一条裤子带来的启发，一种"零售"感觉诞生了，从那时起，Gap（这是多丽丝取的名字）在全世界的分店增加到3100家。

当唐·费歇尔在1995年不在担任Gap公司总裁时，他和多丽丝开始寻找各种途径来增加他们对于慈善事业的参与度。唐长期致力于对于孩子的帮助，在旧金山童子军俱乐部董事会三十多年的工作经历，强化了他在这方面的信念。和多丽丝一样，他越来越关注在他成长的这个城市的公立学校正在发生（或者没有发生）的变化。"我和多丽丝对于改善公共教育的兴趣，来自于我们对于一种鸿沟正在变大的担忧，这不再是'有什么'和'没有什么'之间的鸿沟，而是'知道什么'和'不知道什么'之间的鸿沟，"唐回忆说。

对于费歇尔一家而言，在就业、预算和领导权方面提供了更大特权的公立学校，似乎提供了最好的机会来解决教育面临的巨大问题。他们还有另一个优势：成功的努力可以在全国各地被复制。费歇尔夫妇寻求建立一个项目，确保他们能够运用他们强大的营销技巧和商业经验，帮助该项目不断发展，而不是支持一些特定的独立性质的特许学校（与公立学校不同，类似于通常所说的民办学校，——译者注）。"我想去做某种可以衡量出具体结果的事情，"唐总结说，"这样，我们也可以从中接触到更多的孩子，了解他们的实际需要。"

在弄清楚他们希望实现的结果以后，唐和多丽丝接下来开始寻求相关建议。他们本人对教育颇感兴趣并且已经做了大量投资，但是他们也知道，他们还有很多东西要学习。为了达到这个目的，他们雇佣了时任马萨诸塞州特许学校教育处副处长的斯科特·哈密尔顿，来帮助他们识别具有较大发展潜力的组织。经过整整一年的寻找、学习和研究之后，他们将关注的焦点集中在 KIPP 这个组织上。

那时候，KIPP 只是在休斯敦和纽约城建立了两所中学，不过它在各方面都符合费歇尔夫妇的标准。它拥有一种强大的、以结果为导向的教育方式。当时父母和教师对于学生的期望值很高，而这个组织有一个引人注目的侧重点，那就是让上大学成为所有学生的目标。而且具有远见卓识的两个创建者，迈克·范伯格和戴夫·莱文，对于如何将 KIPP 方式推广到其他城市已经有了明确的概念。

然而，除了上述条件之外，KIPP 还有某种同样重要的东西——其秉持的理念和价值观。它们能够激励多丽丝和唐费歇尔参与其中，恰恰是因为后者的根深蒂固的价值观和信念与之相呼应，譬如，他们都坚定地认为，种族或者收入不应限制一个孩子受教育的机会。

在投入时间寻找到恰当的合作组织以后，费歇尔夫妇便做好了让自己发挥重要作用的准备。他们在三年时间里拿出1500万美元建立了 KIPP 基金会，旨在帮助 KIPP 的模式开始日益向全国范围扩展。此外，由于经常和 KIPP 的领导者沟通，他们开始意识到，要想真正在学生的学习和生活中有所作为，还需要做得更多——最重要的事情就是要配备适当的教师和校长。所以，当费歇尔夫妇像范伯格和莱文一样了解到，在 KIPP 的办学计划当中，有 2／3 的校长都是"美国需要教育人才"（TFA）这家非营利性机构的校友时，他们增加了投入以帮助该组织进一步成长。今天，28% 的 KIPP 教师都是 TFA 这个机构的教师或者校友。费歇尔夫妇也和 KIPP 合作，创建了费歇尔奖学金并提供相关资金，这是一项为期一年的领导能力发展计划，该计划提供了密集的学习课程、住宿和培训机会，目的是让学习者做好准备，以便有能力创建和领导高性能的 KIPP 学校。通过诸如此类的计划，KIPP 培养并保留住了最佳师资力量；73% 的 KIPP 的学校领导，最初都做过 KIPP 的教师。

在不懈寻求结果的过程中，费歇尔夫妇和 KIPP 致力于通过透明的方式分享真正的成果，由此最终了解到什么做法是可行的，什么不可行。如果得到的是坏消息，他们希望这个坏消息没有经过任何粉饰，而是原样呈现出来。KIPP 的公开的年度报告卡——公布 KIPP 每一所学校的成果——就是唐·费歇尔的主意。

这样的结果所具有的实际价值不言而喻。自从 KIPP 基金会在 2000 年建立以来，KIPP 已经在包括华盛顿州在内的 21 个州发展了 99 所学校，教授的学生数量超过 26000 人。而且，KIPP 模式已经成为国内公认的特许教育的标准模式。在 KIPP 项目中完成了八年制教育的学生当中，95% 的学生从高中毕业，而全国平均水平不到 70%。在 KIPP 项目中完成了八年制教育的学生当中，有 88% 左右的人后来进入高等学府，远远超过全国平均水平。KIPP 仍在继续其雄心勃勃的增长速度，计划到 2015 年使学生数量增加一倍。

今天，费歇尔家族是 KIPP 最大的国内合作伙伴，他们已经为这个办学网络的发展壮大提供了七千多万美元——毫无疑问，这是一个相当大的数目，但是归根到底，这个数目本身可能完全无法和他们在整个过程中付出的全部时间、产生的影响和发挥的领导力相提并论。唐·费歇尔在 2009 年去世，但多丽丝继续支持 KIPP 的发展，而他们的儿子约翰已经接替唐担任了 KIPP 基金会董事会主席。这个伟大的慈善之旅，以及它为美国数万年轻人创造的机会，来自于唐和多丽丝·费歇尔所拥有的强大信念，以及他们同样强大的、对自我强加的卓越这一标准的追求。

历史的经验教训

掌握完美捐赠的艺术，并不是一个新现象。在 1901 年把卡内基钢铁公司出售给 J.P·摩根以后，时年 66 岁的安德鲁·卡内基从此把他的余生奉献给了慈善事业。他的成果最终包括：建立了大约 2500 所公共图书馆，创办了卡内基技术学院（现在是卡内基-梅隆大学），以及在纽约建立了卡内基音乐厅。在2006年，也即在卡内基远离商业活动并开始从事慈善事业105年以后，时年51的比尔·盖茨离开微软公司，把他那非凡的精力投入到推进比尔和梅林达·盖茨基金会这一使命当中。该基金会最早期的一项慈善活动是给美国各地的图书馆安装计算机。从那以后，从致力于消除小儿麻痹症到改善美国的公共教育，该基金会不断扩大它的慈善规模。

假如这两个非同寻常的慈善家能够在就餐时进行交流（我们不妨假设，梅林达不再插手基金会的事务）的话，他们很快就会发现，他们有如此多的共同点：通过他们的捐赠而获取非凡结果的无法遏制的勃勃雄心；通过提供公平机会就能够使其他人实现自我帮助这一坚定的信念；使用他们的脑力、社会关系和影响力以及金钱改善社会面貌的意愿；通过他们的努力说服别人参与投资并赢得政府支持的能力。他们都有着严谨的个人作风，都受过严格训练，都具有突出的制定战略的能力，所以，作为工业大亨和微软巨人的他们具有高度的"兼容性"。

如果盖茨在交谈的过程中提到"战略性的慈善事业"、"社会企业家"或者"衡量成果的标准"，卡内基可能并不十分熟悉这些措辞,但,是他立刻就会理解其中包含的理念:深入思考你的捐赠行为,重视有才能的人以及密切关注成果这一需求。作为一个求知欲极强的人,盖茨同样会把握持续性这一要点,会意识到行业语言比行业原则变化得更快,而且他深知一点:当前时兴的慈善观念,往往并不"赏识"相关的历史经验教训,或者不能够完全以历史的经验教训为基础。

实际上,当涉及基本原则时,工业时代的慈善事业和纳米技术时代的慈善事业非常相似。不断变化的只是慈善家开展工作的背景,以及他们可以获得的用以取得成果的手段。假如卡内基能够与盖茨一家人和他们的基金会成员共处几天,那么有一点是毫无疑问的,那就是他必然会对他的时代到盖茨的时代发生的变化倍感惊讶。

在这方面,技术的进展是一个明显的例证:从在线捐赠市场(例如像 Choose 和 Kiva 这样的捐赠性质的网络),到用来衡量和评估成果的最佳手段,互联网的问世使各种各样的社会部门的最新业务模型和工具成为可能。知识的复合效应是另一个强大的力量:过去从未有过如此多的财富,或者从未有过可以获取的如此丰富的相关理念和信息。将所有年龄段的人带入公共服务职业领域的人才流动机制;新的法律措施和非营利性质的混合型商业模型；创新性的金融结构；不同部门之间的模糊界限，所有这些以及其他更多的辅助条件，正在为那些渴望帮助推动积极变革的慈善家创造新的机会。

同样重要的——正如慈善事业本身正在日益走向全球化一样——是慈善家队伍的壮大。在今后的数年里，活跃在第一线的慈善家队伍将不断有更多的人加入，他们是来自印度、中国、巴西和全球其他国家的富裕的当代佼佼者。和他们的前辈们一样，他们将会在一个充满无限活力的动态环境中开展工作，他们将会使用目前尚未发现的技术、工具和方法。而且，他们也将学习某些具有长期价值的经验教训——关于深思熟虑的决策过程和能够获得成果的慈善事业之间的基本关系；以及关于如何避开甚至可能让那些充满最大善意的慈善家走弯路的"陷阱"的实际需求。

留给那些粗心者的陷阱

对于慈善家而言，要让自己的事业变得更好——而且要不断地变得更好——需要在每一个战线上做出更好的决策，从基本的战略决策（比如怎样定义"成功"）到关键性的经营决策（比如雇用什么样的人担任某个高级职位）。归根到底，决策就是指我们应当如何分配资源。作为一个捐赠者，你的资源——不仅仅是你的金钱，还有你的时间和影响——是你用来实现变化最终和唯一的杠杆。

慈善家面临的挑战是，这些决策当中的许多（即便不是绝大多数）决策因为模糊性和不确定性而失去价值，因为能够使它们变得更明确的客观数据和反馈并不存在，或者因为这些数据和反馈很难获取。结果往往是，你总是发现在很大程度上，你只能依赖你自己的判断去做出重要决定。这相应地意味着在每一个环节上，你都需要提防某些隐藏的危机四伏的陷阱，意味着破坏良好的慈善意图和对实际成果产生不利影响，这种情况甚至会出现在那些极富能力和经验的专家当中。

第一个陷阱就是大脑发热，思维混乱。当捐赠者让他们的情感和一厢情愿的想法占据上风，从而丧失了逻辑性和深思熟虑的分析过程时，就会出现这种情况。对于"你打算实现什么目标"这一问题，给出的是不够明确（因此也是难以实现的）的答案，比如"治愈癌症"、"结束贫穷"或者是"停止全球变暖"，这是一种常见的"症状"。这往往意味着只有依赖一种奇迹，才能让你的捐赠达到期待的结果。例如，认为1000万美元的捐赠能够改变某个实际上需要8亿美元才能够改变的城市校区面貌。另一个常见的症状，就是迅速"爱上"一个有个人魅力的非营利组织领导者的计划，却没有通过理性的分析对该计划进行认真的审视。大脑发热的一个结果，就是你从事的慈善活动似乎"让人感觉良好"。投身其间的人满怀美好的愿望，但成功的概率却很小。

捐赠者经常掉入的第二个陷阱是"单飞"。慈善事业的一个很大的悖论就是，对于单枪匹马地行动的个人而言，他们取得的成果总是微乎其微，哪怕是在他们非常富有的前提下。你的抱负越是宏大，这一结论就越是确定：成功需要与他人合作，或者需要借助于其他多方的努力，包括你支持的非营利组织或者非政府组织（NGO）受让人；对于你的目标同样拥有激情的其他捐赠者；国内或者国外的政府部门；或者是你必须对其观点施加影响以便推动变革的公众。在这方面，潜在的候选者为数众多而且类型多样。可是，有太多的捐赠者和基金会领导者因为单枪匹马地展开行动而深受其害，因为他们傲慢地以为自己掌握了所有的答案，而且他们单方面努力就能够取得成功。

第三个陷阱是估计不足和投资不足。考虑到有那么多的慈善财产都是在压力巨大的商业竞争中取得的,而掌握金融资产的复杂特征对于生存至关重要,因此,捐赠者竟如此频繁地落入这一陷阱就不免令人惊奇。就如同你在对家居环境进行维修时的情况一样,当你试图"修复"世界时,俗话说的"成功所需的时间和成本要超出你的想象"同样是适用的。作为捐赠者,我们总是长期低估实现结果所需要的成本,我们在使预想的结果变成现实所需要的能力方面,也总是面临"投资"不足的尴尬。

落入这个陷阱的后果是可以预见的。我们依赖的组织得到的资源,要少于他们顺利履行职能所需要的资源,而且下一次我们给予他们的帮助甚至更少(或者不再给予),因为他们从一开始的表现就不符合我们的期望。这种模式将会一直持续,直到我们当中的更多人像费歇尔夫妇那样挺身而出,并且说,"你知道吗,这要花费数百万美元,而且需要多年以上的时间。所以,让我们不要自欺欺人,也不要欺负那些我们想要帮助的人。"

这一问题的必然结果,同时也是为那些不够谨慎的人准备的第四个陷阱,就是对于非营利组织实际需求的忽视。这主要表现在慈善机构从总体上不愿提供受让人可以用来发展其组织能力的一般业务支持。没有人喜欢浪费金钱，而且用于"日常开支"的资助更像是一种浪费。但是，这样的钱必然是一种浪费吗？你能设想我们都去乘坐那种据称其维护成本属于最低之列的飞机吗？或者是去那种设备最陈旧的医院吗？在许多情况下，消费者很愿意支付更高的开销，只要这种开销能给他们带来更多价值的话。

非营利组织也有适当的日常开支和糟糕的日常开支。缴纳过高的租金或者大手大脚地举办招待活动，显然是一种金钱的浪费。可是，聘用一个能够承担起总裁没有时间承担的关键管理职责的首席运营官，或者是雇佣一个能够制定用以支持组织计划的长期资金模式的首席财政官会怎么样呢？这些是不良投资吗？绝对不是，但我们却总是错误地认为，拥有一个营养不良的团队的非营利组织，也能够提供一流的结果。

"谨慎"的董事会一直在犯这种错误。他们可能拥有一个行政执行官，这个管理者会做包括融资和推动组织发展在内的大量工作，但是他也会不堪重负。而董事会会拒绝出资雇佣一个首席运营官（尽管这样做有助于帮助该组织维持其成果，而且最终可能做得更多），因为这一职位每年要付出12万美元的成本。我们的同行、知名学者安·戈金斯·格雷戈里和唐·霍华德把这一陷阱造成的后果恰当地称为"非营利组织的饥饿周期"。

饥饿周期是对于非营利组织的疏忽行为的最突出的反应。在大多数情况下，捐赠者的成效取决于他们支持的非营利组织的表现。伟大的慈善事业并不是在真空中实现的。但是，慈善家总是把一种不切实际的"资本成本"强加到他们的受让人头上，这必然会初步削弱他们的捐助的价值，就像水会通过腐蚀的管道发生渗漏一样。

这个隐藏的资本成本是什么样的呢？它会以多种形式出现：认为自己比那些有过25年经验的人更了解怎样开展一项课后辅导计划，并且由此强制推行他的战略理念的慈善家；那个每年都会要求她的受让人完成五十多页的报告，用来描述那些资金如何使用，取得了什么结果，但却从不承认这些报告的有效性——而且可能从来都不会完整地阅读它们——的捐资人。在中断的战略和没有收益的工作关系当中，类似行为导致的成本是真实的，虽然它们很少通过制表的形式明确显示出来。而且，因为在那些拥有金钱与那些需要筹措金钱的人之间存在的巨大的力量不平衡，这些成本可能始终是隐性的，而且会一连持续数年之久。

最后，在一个没有竞争但却充满了欣赏和赞美之辞的领域，捐助者很容易不期然地落入表现不佳却自我感觉良好的陷阱：接受现状，而没有真正推动慈善事业的进一步发展。结果会被评定为"良好"甚至可能是"突出"，但是缺乏追求卓越——哪怕是将未来的成绩提高10%——的动力。

当被问到他们与其他人相比的"相对"表现时，即便是最有经验的捐赠者也总要把自己置于这一领域非常靠前的位置（即便不是最顶尖的位置），这种态度必然会不可避免地滋长自满的情绪。这种自满的唯一解药，就是要有勇气承认，你还可以做得更好，同时愿意就这一目标提出这样的问题："什么是有效的，什么是无效的？""其他人正在做的哪些事情，是我们能够给予帮助的，或者是值得我们学习的？""除了金钱以外，我们还能够提供什么辅助措施，来加速和改善实际结果？"

不管我们多么有经验或者多么明智，承认这些陷阱的存在，并且承认它们永远也不会真正消失，能够为避免这些陷阱提供有效的帮助。向自己提出我们在下面列出的难题，能够给你带来更多的启发，也能够让你的慈善活动变得更有成效而且充满乐趣！

问题比答案更重要

接下来,你将"遇见"把他们的慈善资源转化为成果(或者正在致力于这样做)的诸多捐赠者和基金会主管人员。他们的故事各种各样,有的已被证明取得了成功,有的则正在推进自己的事业,而且他们热衷的领域范围广阔,从教育、到环境、到人权到公路安全。有些慈善项目,比如洛克菲勒基金会的"绿色革命",已被载入史册,还有的项目,比如桑德勒基金会资助的 ProPublica 项目,目前还只是我们每天收看的早间新闻偶尔提及的对象。有些慈善项目正在侧重于新的举措,例如致力于使阿富汗的女性获得权力的康尼·达科沃斯基金会支持的"阿尔祖项目"。还有一些项目,比如伊莱恩·温的"学区建设计划",侧重于推动当前高性能组织快速成长的投资价值。

这些人以及他们的故事经历的时间跨度长达几十年,并向我们展示了慈善家可以拥有的范围广阔的选择。通过我们列举的几个例子,你就会发现,你既可以选择完全通过你支持的受让人开展工作,也可以亲自去完成那些关键性的工作内容。你可以帮助少数高效的组织提高他们的工作规模，也可以资助一些创新型的后起之秀，帮助他们发展一个新的领域。你可以专注于你自己的社区的需要，也可以与较远地区的其他同行合作——这当中几乎有着无限多的选择。而且基本前提是很明确的：不存在所谓最好的慈善事业的类型。适合你的道路，将是你根据自己特定的状况、理想和价值观所酝酿和设计的道路。

然而，就选择你的道路而言，有一种更巧妙的途径。那就是围绕六个彼此独立但又互相关联的问题展开严格和深入的探索：

- 我的价值观和信念是什么？
- 什么是"成功"以及怎样获得成功？
- 我应当为什么负责？
- 怎样才能把工作做好？
- 我应当怎样和受让人合作？
- 我能够做到更好吗？

总而言之，这些问题能够为那些想要掌握捐赠艺术的捐赠者和慈善家创建一种方法。要解决这些问题，你就需要形成清晰的发展战略，要知道你想实现什么目标，以及让你的希望变成现实必然要经历的过程，在此之后，你才可以做出决策并迅速展开行动。这就要弄清楚你本人需要为之承担责任的一系列结果，这样一来，你就能够形成真正用于相关调研和持续进步的反馈机制。最后（但并非最不重要的）一点是，当你与非营利组织彼此合作或者通过它们开展工作，帮助你自己了解怎样以最具生产力的方式提高他们的效能，并由此提高你自己的效能时，上述做法能够使你正确面对实现结果必然要经历的严酷现实。

我们已经发现，这些问题非常有助于捐赠者实现他们的慈善潜力并最终获得成功，所以我们决定把它们视为本书的基本要点。我们承认，并非每一个问题对于每个读者而言都是同等适用的，而且，当你的状况和你的慈善事业的规模发生改变时，它们的相对重要性可能会随着时间发生变化。因此，它们是否值得你花几个钟头去考虑（或者是花上几天、几个月甚至几年），将取决于你的实际状况，其中涉及金钱数额，你所选择的业务的难度，以及你的抱负究竟有多大这些方面的具体情况。①

---

① 当你准备解决这些问题时，可以通过 www.bridgespan.org / givesmart 这个网址，找到更多可能带来给你帮助的慈善故事和相关分析的资源。

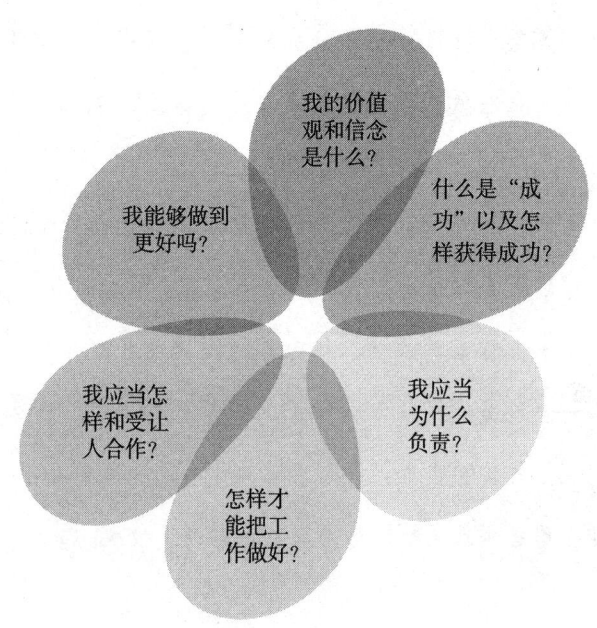

哪些问题对你来说最重要

然而，不管你的具体情况是什么，如果忽略这些问题，你实现结果的可能性就会降低。慈善事业几乎同时包括一定程度的不断摸索和反复试验的过程。把思想和行动放在优先地位——以必要的严谨性和原则性将相关问题考虑清楚——你将能够减少犯错误的频率，并且使你的试验变得更有价值。好消息是，哪怕是少量的思考也能够帮助你避开慈善事业危机四伏的陷阱，从而使你走上正轨，把你的事业不断推向新的高度。当某个社区得到更好的服务，以及当某个棘手的社会问题得到更有效的处理的时候，这样做所带来的回报，将随着时间的推移而成倍地增加。

你本人也将得到回报。你的遗产可能有助于建立卓越的标准，激励他人在追求个人远大抱负方面更有效地使用资源。你在慈善事业方面的成功，将为你的生活增加更多的意义和满足感——这是你将从本书提及的捐赠者那里经常听到的感受。而且，当你在夜里闭上眼睛时，你一定会感到心满意足，因为你在慈善事业上已经尽己所能地做到了极致。

第一章

我的价值观和信念是什么[①]

这是一本关于人、金钱和影响的书：拥有金钱的乐善好施的人，需要金钱的辛勤工作的人，以及这两个群体都希望实现的社会影响。简而言之，它是一本关于把慈善资源转变为实际结果的书。

伟大的慈善事业不是以任何特定的捐赠物的规模为标志的，而是要以实现的结果为衡量标准。正如你将会发现的那样，慈善事业的形态和样式几乎是无穷无尽的。你侧重于什么类型的慈善事业，完全要由你自己决定。那些令人兴奋的可选择目标数量之多，超出你的想象，换句话说，你拥有许多绝佳的机会开拓你的慈善事业。

然而，如果你果真决心致力于取得成果，你可能会通过

[①] 除非另有说明，不然我们在全书当中都将从某个特定的捐赠行为、财产转让或者慈善物资（也即用于实现某个单一的主要目标的全部捐赠物）的角度讨论慈善决策。我们做出这种选择是为了确保叙述脉络相对清晰，因为我们都知道，在任何特定的周期内，大多数捐赠者和基金会都会从事一系列而非单个慈善活动。

很多有效（以及不太有效）的方法开展你的慈善事业。这里提供的方法，都是围绕一系列有关你如何借助特定的捐赠物（它们能够影响到你的捐赠行为的实际结果）而实现你的目标的原则性决定，它们涉及多个方面的内容：你（和其他人）将如何着手实现这些成果。随着时间的推移，你将会做哪些工作来改善这些成果。这当中有一个前提，那就是，你愿意为了社会利益而让自己为实现这些成果承担责任。

对于大多数人而言，他们所具有的个人责任感是随着时间而发生变化的东西，正如对于一个组织或者一项事业的激情会引领他们逐步融入其中一样。审视自己的责任感，可能会影响到你的某些（乃至全部）慈善事业的成果，这取决于你的具体情况。

作为一个捐赠者，你可能会发现，一个人承担的责任，可能只涉及捐助行为的一部分，而如果你是一个专业人员（比如，你是一个基金会的首席执行官，或者是一个高级项目官员），你的责任范围就将涵盖你参与的绝大部分（即便不是全部）业务。

为什么你应该审视个人的责任感并侧重于实现结果这样一种方法呢？在我们看来，一个令人信服的答案就是，它能

第一章 我的价值观和信念是什么

够增加对于你最感兴趣的业务（或者事业）产生真正的影响的机会。为了证明这一点，我们来看看已经或者正在这样做的三个慷慨的捐赠者的例子。你将会看到，这种方法的起源要追溯到一个多世纪以前，但是，它就像当今企业家转化为慈善家的任何案例那样富于现代感。不过，首先，我们不妨简单谈一谈"你"这个字眼。

尽管本章内容主要是从捐赠者的角度来叙述的，但它提出的问题和涉及的观点适用于每一个严肃对待慈善事业的人。因为慈善事业是一种高度个人化的追求，价值观和信念至关重要——不仅仅对于慈善家自身而言，这也适用于家族成员、托管人，以及与他们合作或者为他们工作的基金会负责人。这些人可能会受到尚且在世的捐赠者个人愿望的强烈影响，或者说，他们深知一个刚刚去世的捐赠者的遗愿，但不管怎样，他们的决策最终都将立足于他们的信念。这种模式在基金会领域（在这一领域，新上任的首席执行官和项目官员在通常由捐赠者的原始意图确定的大框架内，会经常性地改变项目优先次序和开发新战略）表现得最明显。所以，无论慈善事业已经是（或正在成为）你的全职性的事业，还是每月只需要花几个钟头的时间，你都是作为本书读者的"你"

而存在的——不仅仅是在这里，在整本书中都是如此。

奥米戴尔夫妇：使用网络驱动变革

易趣购物网站的创建者皮埃尔·奥米戴尔和他的妻子帕姆，属于当今时代那种"活着就要做慈善"类型的慈善家。这些新一代的慈善家经常寻求各种方式将其专业经验和商业智慧用于社会公益事业。一个突出的例子是奥米戴尔夫妇对于 Ushahidi 项目的支持，Ushahidi 这个名字是来自于斯瓦希利语当中的"证言"或者是"证人"这个词。

Ushahidi 是一个从个人的电子邮件和手机短信获取数据的网络平台，它把获取的数据通过一种视觉格式（比如网络地图或者时间轴）加以呈现，由此便可将信息迅速通知其他人并激发他们展开相应行动。首次使用于 2008 年（当时以图表形式显示了肯尼亚大选后的暴力事件）的 Ushahidi，使得市民能够使用手机来报告暴力事件和其他事件；这些报告然后会被加以整合，并突出显示最需要帮助的地点或场所。通过使用能够驾驭个人力量的技术，Ushahidi 可以从事件的直接参与者或者目击者那里获得危机信息这种"群体资源",使那些(合法的或者不合法的)掌权者更加难以压制在任意时间和地点所发生的行动。

由帕姆·奥米戴尔在 2005 年创建、用于在全球范围内建设和平以及推动人类自由的"倡导人类团结组织",是 Ushahidi 最早期的支持者之一。自从肯尼亚大选以后,倡导人类团结组织为该组织提供咨询和资金,使它的工作不断登上新台阶。受到 Ushahidi 的成功的影响,这对夫妇的另一个慈善平台"奥米戴尔广播公司",为该组织的进一步发展提供了资金支持,协助后者资助了肯尼亚的一个人权中心的建立和更大规模的人权行动。由于其在肯尼亚的最初的发展,以网络为基础的 Ushahidi 平台已经被全世界的公民和组织所使用,用来宣传重要事件,并激发人们对于其他人道主义危机、自然灾难(比如 2010 年海地大地震)以及环境灾难(比如墨西哥湾的 BP 公司石油泄漏事件)的实时响应。

朱利叶斯·罗森沃尔德:创建更好的学校

朱利叶斯·罗森沃尔德,Sears 零售帝国诞生背后的领导性天才之一，在较早的年龄就决定把他的大量财富用于慈善目标。他被描述为"务实、灵活、富有同情心，以人——而非以机构——为中心"，致力于"使美国民主发挥作用，并且与种族和宗教的偏执性作斗争"。

罗森沃尔德通过提供小规模的捐赠开始他的慈善事业。例如，在1912年他的50岁生日之际，他捐赠了2.5万美元帮助布克·T. 华盛顿把他的杜斯开基学院发展成多个规模较小但分布广泛的校园。当华盛顿发现他能够把这笔资金最后的2100美元用于既定目标时，他请求罗森沃尔德允许他在阿拉巴马州为非洲裔美国孩子重建六个小型农村中学。罗森沃尔德同意了他的意见。

以这六所学校取得的积极的初期结果为基础，罗森沃尔德又提供给华盛顿3万美元，直接的目标是在阿拉巴马州的农村地区建立100所类似的学校。不过，罗森沃尔德也希望这些"罗森沃尔德学校"将引发"在教育的公共投资方面的一场革命，因为这些学校将会使公务人员蒙羞，进而不得不在黑人和白人的教育方面给予同等的、哪怕是彼此独立的资金投入"。

这个高度可见的计划的实际结果，被视为一次巨大的成功，而且不久以后，其他南方各州都请求罗森沃尔德扩大他的计划，以便将它们包含进去。到1920年，朱利叶斯·罗森沃尔德基金会开始运作每年投资50万美元的建校计划。接下来完全是罗森沃尔德当初所设想的一场教育革命。到1928年，在南方各州的所有黑人学校当中，每五所学校就有一所学校是罗森沃尔德学校，而在这一区域，每三个黑人学生当中就有一个在这些学校接受过教育。

当罗森沃尔德在1932年去世，而相关资金也被正式终止时，这个计划已经帮助建立了4977所农村学校。值得一提的是，这笔资金仅占这些学校全部成本的15%左右；余下的部分来自各州和地方的财政支出。罗森沃尔德比许多慈善家更早地意识到"杠杆"的力量（尽管他可能并未使用过这一术语，顶多可能尝试分析过他的投资的社会回报）。不仅仅是社区帮助支付了他的黑人学校所需的资金；在许多情况下，一所新的、设备相对齐全的黑人学校的创建，会迫使地方当局为他们的白人学生建立同样的条件良好的学校。在整个南方，黑人和白人孩子的教育条件都得到了提升。

约翰·多尔：给国家公路加上条纹

约翰·V. N. 多尔博士，一个冶金学者和化学工程师，也是托马斯·爱迪生的门生，曾经成立了一家工程公司并积累了大量财富，从而得以在1940年建立了多尔基金会。该基金会创立的目标是支持化学和冶金学领域的进展，起初资助了一系列小型项目。后来多尔的妻子内尔做过有关汽车司机的一番评论，从而为基金会开辟了一个新的方向。她指出，在天黑以后，尤其是在糟糕的天气里，迎面驶来的汽车的前灯发出的强光，要么会使司机开到公路的中心线上，要么迫使他们迅速离开那条中心线，并将车辆驶到公路的软质路肩（公路边缘未铺柏油等坚硬路面的部分，——译者注）上面，有时会造成悲剧性的后果。

在思考了他的妻子发现的问题以后，多尔开始坚信，在道路的最右侧，绘出一条白色条纹来标示出人行道的外部边缘，不但会使司机受到的威胁降到最低，而且还能让过往行人变得更安全。在1953年，他的基金会开始游说康涅狄格州的公路官员在梅里特公路的一段道路上检验他的理论。这是一端从纽约东北边境延伸到胡萨托尼克长达38英里的风景优美的公路,而基金会承诺支付这次试验的成本。试验的结果令人满意,很快,整条公路的路肩都加上了条纹。

受此影响,纽约的官员对连结了梅里特公路的哈钦森河公路进行了他们自己的测试,而且结果同样令人信服。在加上条纹之前的七个月里,一共有102起交通事故,共有49人伤亡。在加上条纹以后的七个月里,只有46起意外事故,27人伤亡——减少了55%。

在多尔基金会的事业得到认同的多年时间里,美国全国各地的公路部门,竟然舍不得花费给一个路肩加上条纹所需的每英里150美元,只是勉强接受了其越来越多的有效性的证据。然而,到20世纪60年代初期,公路肩线已经在全国范围内得到了普遍接受和应用。由于基金会的投资和多尔超过10年的不懈游说,越来越多的流动人口变得更加安全,成千上万条生命得到了保护。

这三个例子在许多方面——包括从实际影响到捐赠者的价值观和信念——都是不同的；他们决心去做的事情所具有的困难性的规模、范围和程度，以及他们创造变化的方式也各不相同。它们的共同点就是，都包含使用慈善资源给世界带来具体而有益的变化这一愿望。

这听上去也许没有任何稀奇。毕竟，你很难找到一个不想做出点儿成绩的慈善家，更不用说去找到一个故意去浪费来之不易的金钱的那种慈善家了。但是，人们参与慈善活动是出于各种各样的原因，而且，尽管做善事的利他主义的冲动几乎总是慈善决策的一部分，但对于那种"善事"究竟应当是什么这点而言，却并不总是一目了然的。

这里的要点很简单：仅仅决定去做善事是不够的。如果你下决心去完成某件具体的事情，你的完成情况就很可能相当令人满意。决定去做什么事情这一过程的起点，是要弄清楚你对什么最有激情，以及你渴望为哪个领域带来改变。

一切慈善都是个人化的

正如慈善家本身各有不同一样，慈善事业是具有个人化色彩的，因为它的参与者包括原始捐助者、家族成员、托管人，以及在捐赠方面可能会发挥某种作用的工作人员。

慈善家有能力而且的确会去做几乎任何事情，从中小学生教育，到挽救疲劳驾驶员的生命，以及给人们提供他们所需要的、为其自身或世界各地其他人的利益而采取行动的信息，诸如此类。这种绝对的自由就是慈善的伟大力量的源泉，因为它使得捐赠者能够表达他们的个性，为创新行动创造空间，并且为那些以支持民主社会为特色的大量机构以及权利和活动中心提供支持。但是，这种自由也可能成为它唯一的致命弱点，尤其是在捐赠者的捐赠物未被认真对待，或者是其使用的范围过于狭窄，以至于它们的实际作用变得微乎其微的情况下。

我们的一个富有的朋友发现，他已经掉进了这个陷阱。他当时告诉我们说，他在上一年支持了167个组织以及事业。（当时正是缴税时间，所以当我们谈话时，这个数字在他的脑海里非常清晰）。 我们问他，其中有多少事业是他愿意在付出金钱的同时，也愿意奉献他的时间和精力的事业。"哦，"他说，"你可以用一只手的手指把它们数出来。"

要超越这种条件反射式的捐赠，首先要弄清楚你的价值观和信念。 事业的悖论之一就是，尽管当慈善事业更侧重于结果时才会有最佳表现，但几乎每一种慈善活动都包括超大量的"我"。 也就是说，你本人的价值观和信念才是关键。 归根到底，任何慈善事业实际上是也应该是由个人捐赠者或者基金会的捐助者的激情所定义和塑造的。

所以，让我们暂且假定你是一个刚刚参与慈善事业的捐赠者，或者是一个最近被雇佣的基金会总裁，你决心通过探索我们提出的检视自我动机类型的方法实现某种社会价值。事实上，你探索的是一个充满各种有意义的选择的世界。 那么，你将如何开始呢？ 在这方面，一个现实的例子——尽管它可能有些特别——或许能够提供某些线索。

彼得·巴菲特和妻子詹妮弗·巴菲特在 2006 年春天了解到，他们的父亲，具有传奇色彩的投资人沃伦·巴菲特，正准备把大约超过 10 亿美元的巨额资金转移到他们家族的

第一章 我的价值观和信念是什么

NoVo基金会。"你最好回家,我认为我们的生活改变了,"彼得在收到父亲的传真后对詹妮弗说。虽然还没有得到具体的指示,不过他们都希望(根据沃伦·巴菲特在《致彼得·巴菲特的信》当中的记述)"把新的资金和个人精力集中用于NoVo能够真正发挥重要作用的少数几项事业中"。

为回应这个独特的挑战,巴菲特夫妇决定共同开始一场发现之旅。"我们那时每天都待在办公室,"詹妮弗回忆说,"我们和多个组织机构的很多人交流,以便发现什么是'我们这个时代的机会'。渐渐地,来自全世界数百人的信息不断汇聚,最终合并成各种模式。"

其中一种模式尤其醒目,开始与巴菲特自己的价值观和信念发生共鸣:全世界的男人和女人之间的力量的不平衡。正如詹妮弗所描述的那样,"在非洲或者印度,你的确能够看到,男人拥有权力和统治地位,而女人却没有。与此同时,女人却要承受家庭和工作的双重负担。"这些观察和经验最终使得巴菲特夫妇将NoVo基金会的关注点集中于"让作为改革主要推动力之一的女性拥有权力"。

选定了一个目标以后,他们开始向有经验的、运行良好的相关组织提供大量捐助,这些组织——比如妇女互助国际组织和国际救援委员会——都侧重于提高女性的地位。随着对这一领域有了更多的了解，巴菲特夫妇进一步增加了他们的支持力度。在2008年五月，NoVo基金会和耐克基金会联合宣布对"女性影响"项目共同投资1亿美元，旨在帮助发展中国家的青春期少女将社会和经济创新成果带入她们的家庭、社区，从而惠及她们的国家。

这项投资已经开始显示出效力。例如，在位于埃塞俄比亚一个地区（在那里，43%的女孩在15岁就要出嫁）的"贝尔哈内–赫万救助计划"，已经帮助了11000女孩（占参与这一计划的总人数的97%）得以继续上学并推迟结婚。"安全和聪明储蓄计划"使得23000肯尼亚女性有机会使用储蓄账户并获得金融教育机会，由此为她们开始拥有个人财产来源，从而在经济上获得独立地位提供了一个途径。通过"女性影响"项目，以及其他集中于冲突地区的卖淫和针对女性的暴力等悲惨问题的战略举措，如今巴菲特家族和NoVo基金会正在他们最关心的问题上取得更大的成果。

不管你的慈善活动的资金多么充足——哪怕你幸运到在银行拥有十亿美元的存款！——你能够做的善事的数量也总是多于你能够拿得出的资源（这里所说的资源不只是美元，

还有你的时间和影响）。在整个美国乃至全世界的慈善需求程度可说是巨大的，甚至也是无法满足的。崭新的、急迫的或者令人兴奋的机会总是持续出现。当然，一旦人们发现你有慷慨捐助的倾向，那些纷至沓来的、期望得到你的帮助的请求就会大幅度增加。

然而，你不可能一下子大规模资助为数众多的事业。这是我们的朋友（和其他许多慈善家）经常掉入的陷阱。与其说这是做出一个"错误"选择的问题，不如说这是从一开始就没有做出选择的问题。去做所有的事情和满足所有人的愿望可能会获得各种赞美，但是它很少会产生任何有效的结果。

你究竟在意什么

当你在一大堆好的选择当中思考如何确立优先选择时，你的脑子里要记住几件事。首先，其他任何人都不能代替你做决定。其他人的激情可能给你带来灵感，而且可能促使你与他们合作。但是，如果你真的决定投身慈善事业——这意味着你需要奉献自己的金钱、才能和精力——你就必须根据你的价值观和信念来确认在慈善方面的优先选择。无论你是一个主要捐赠者、一个家族成员，还是一个负责解释"捐赠者意图"的基金会总裁，这一点都同样适用。

其次，在这一阶段，没有任何内在的所谓最适当的选择。你在慈善方面的优先选择，将取决于你对其充满激情的领域，以及你坚信那些值得做的事情。当你开始反思它们可能是什么的时候，你或许会发现，你有必要考虑某些含义宽泛的概念：人、问题、地区、途径和价值观。多年来，这些范畴在不同程度上为其他捐赠者的选择提供了参照点。

人。就像巴菲特和朱利叶斯·罗森沃尔德一样，你可能很愿意帮助特定人群去改善那些正在决定（而且可能正在限制）其人生状态的处境。不妨考虑一下旨在"改善黑人孩子的人生选择"的拉里和乔伊斯·斯图珀斯基与他们的基金会从事的事业。

拉里·斯图珀斯基是查尔斯－施瓦布投资公司的前任总裁；在成功地资助了一家管理通讯公司之前，乔伊斯曾多年担任特殊教育教师以及芝加哥和旧金山的公立学校校长。他们都坚信，教育是改变弱势儿童人生的最重要因素。

自从在1996年开始运转以来，斯图珀斯基基金会已经和全国各地30多个大型校区进行合作，不断强化它怎样让校园建设发生改变，以及如何在地区和州的层面酝酿和支持对于这一改变的理解。通过他们（以及其他人）在教育上的努力，斯图珀斯基夫妇一直致力于帮助弱势孩子克服贫穷和种族不平等带来的限制。

问题。 约翰·多尔非常关注公路安全问题。对于史蒂夫·凯斯和其他许多慈善家而言，让他们产生激情的事业，就是为某种致命的、或者使人衰弱的疾病找到一种治疗方法。

在2001年，著名投资银行家丹·凯斯被诊断患了脑瘤。由于对医学研究的缓慢步伐和研究者没有能力或者不愿分享信息的局面感到沮丧，他和他的弟弟史蒂夫（美国在线公司的前任董事长），以及妻子斯泰西、玛丽·琴一道，共同创建了ABC脑瘤研究中心——一家通过企业经营的途径资助药物研发过程的非营利组织。丹在2002年去世，但是研究仍在继续。ABC在药物开发方面已经投资了1400万美元，并且与合作伙伴一道，证明了新的治疗方法的有效性。

地区。 维护或者恢复一个特定地理区域的健康和活力，是吸引许多慈善家参与其中的一个原因。作为土生土长的堪萨斯州人，德韦恩·斯蒂尔定居在夏威夷，并在那里建立了一家非常成功的建筑企业。与当地一个音乐家的早期友谊激励他去研究夏威夷语。这种语言当时处于消失边缘，想到这样一种他已经喜欢上的基础性文化正濒临消亡让他感到震惊，于是，他开始通过慈善事业来保护这门语言。在当地夏威夷人的支持和帮助下，他开始出版用夏威夷语撰写的教科书以鼓励更多的教学。这导致了更大规模的持续性的努力：以后又陆续出版了更多的资料，包括词典、小说和历史图书，并且实现了可以追溯到19世纪的夏威夷语的文章和报纸的数字化。

斯蒂尔还资助建立了几所夏威夷语小学。这些学校最初的目标是为了在年轻一代人当中复兴本土语言，现在，它们正在吸引所有种族和民族的"新一代"夏威夷人加入学习队伍。尽管斯蒂尔在2006年去世，但夏威夷人和当地的慈善家都声称他开创了"夏威夷的文化复兴"，并赞扬他不仅保护了这门语言，而且促进了它的复兴。

多萝西·钱德勒，《洛杉矶时报》出版商的妻子，也对一个地方充满激情，它就是洛杉矶市中心。钱德勒认为，导致洛杉矶没有被看作是世界上一个重要城市的原因是其缺乏文化设施。从20世纪50年代开始,她专注于为洛杉矶交响乐团建立一个永久性的避寒别墅,这个别墅也能够作为其他文化活动的中心加以使用。钱德勒通过与当地广播电视公司负责人卢·沃瑟曼和其他人合作,打破了这座城市臭名昭著的社会和地理的文化分裂局面,而她为此筹措资金的时间几乎长达十年,而且曾经在一次募捐活动中,一次性筹集到在当时可谓罕见的40万美元。她的努力在1964年达到顶峰:在洛杉矶市中心成立了囊括三家剧场的洛杉矶音乐中心,而这个音乐中心现在还包括多萝西·钱德勒剧院(也即豪斯特金像奖的长期颁奖场所)。由于她对于推动这座城市发展做出的贡献,她在1964年登上了《时代》杂志的封面,而且今天的洛杉矶已被公认为是一个世界性的艺术和文化中心。

途径。 对于某种特定的途径具有的强烈信念,奠定了许多慈善家开展慈善活动的基础。不妨考虑一下奥米戴尔夫妇对于能够推动创新的技术和个人力量的信念,或者是邓肯·坎贝尔对于能够引导或支持年轻人成长的辅导员制度的信念。

作为一对酗酒夫妇的孩子,当初坎贝尔是在俄勒冈州波特兰市长大的,他记得当他的家庭状况开始走下坡路时,健康、稳定的成年人形象在他的人生当中是多么重要。 在1993年，他建立了"儿童之友"辅导项目，为成年人与孩子——尤其是面临像他自己当初经历的那些挑战，或者处于更糟糕局面的青少年——之间建立密切和长久的互动关系提供指导。 坎贝尔对于作为一种有效途径的辅导工作的支持被证明是行之有效的：这个项目的85%的年轻人从高中毕业，而全国的平均水平是在70%左右；而且，参与该项目的99%的年轻人都没有过早地让自己成为父母，尽管在当时，至少有60%的青少年已经做了家长。

价值观。 你对于世界怎样"运行"，或者应该怎样运行的信念可能成为你的支撑点，正如它对于乔治·索罗斯所起到的作用一样。 索罗斯，一个帮助设计出对冲基金的著名金融家，是开放型社会基金会的创始人和董事长，他领导的基金会致力于建立"具有活力和宽容性的民主"。 当前苏联在1946年占领匈牙利时，索罗斯逃离了这个国家。他本人用了多年时间和大量金钱，通过广泛而新颖的活动支持与极权主义对抗的斗争；例如，为匈牙利的持不同政见者提供复印机，为波兰团结工会运动提供资金，支持蒙古的教育广播节目，并拿出1亿美元，用于支持俄罗斯每一所地方高校的互联网建设。时至今日，在1995年正式组建的开放型社会基金会，成为在全世界60个国家运营的33个基金会网络的核心，而所有这些基金会的负责人都像索罗斯一样，通过致力于推动民主的当地顾问的协助而开展工作。

金融家和原商务部部长皮特·彼得森是另一位受他深藏的信念所鼓舞而采取行动的慈善家；对他而言，对于经济原则的信仰，需要去推动一个健康社会的发展。随着他对于飙升的联邦赤字、迅速增长的国家债务、低水平的个人的储蓄率，以及其他令人不安的经济趋势的关注不断增强，他为成立于2008年七月、旨在增强公众对于关键性经济和财政政策问题的认识的彼得·G.彼得森基金会投资了10亿美元。他还将基金会的许多活动聚焦于年轻人：例如，在其开展活动的第一年，该基金会成立了IOUSA公司——一家拍摄纪录片的公司，并和MTV国际音乐电视台合作，开展了一场旨在帮助大学生管理他们未来的财政状况的活动。

到目前为止，你可能已经注意到，在确定你的优先选择方面，我们还没有提到过任何有关数据和分析的作用。这种沉默是有意而为的。只要你开始为开展慈善事业构建一种策略，数据就是一个了不起的朋友。但是当你刚刚开始起步时，它不会带来多大帮助，因为它不可能告诉你，你真正在意的是什么。究竟是清理海洋环境、结束人口贩卖、纠正美国经济更好，开始做其他事情更好，所有这些，完全不应当成为根据数据本身进行分析而做出的决定。

一家基金会（它的捐赠人建立了以市场为导向、以顾客为驱动力的高科技企业）的首席执行官在上任初期，便吸取了这一教训。捐赠人和他的配偶热切地"锁定"了美国的公共教育，而且他们和基金会的首席执行官都确信，正确的数据来源，就是要弄清楚那些没有得到充分教育的孩子面临的最大问题。

不久以后，他们就被记录了数不清的严重问题和各种看似有趣的行动方案的数据所包围。然而，这些数据没有任何作用，直到有一天捐赠者开始意识到，他们必须确认，在教育领域的无数参与者——学生，教师、校长、家长——当中，哪些人应当是他们优先考虑的对象，于是这些数据才开始发挥作用，他们也由此知道哪些人最需要帮助。

个人化的发现之旅

作为一个捐赠者,确定你的慈善的优先选择过程,本质上是一种受价值观驱动的决定,或者更准确地说,是你不只一次、而是多次做出的一系列决定。做出明确的选择的行动,是贯穿于你积极参与慈善事业整个过程的个人发现之旅的第一步。

人们需要以多种方式确认他们的价值观和信念,而且每个人都需要找到他(她)自己的道路。在20世纪90年代后期,微软创始人比尔·盖茨和他的妻子梅林达,偶然读到了一篇关于轮状病毒的文章,那是一种在发展中国家每年都会让50万孩子失去生命的病毒。他们发现,这种死亡率在任何发达国家都被看作是不能忍受的,他们于是意识到,这只能得出唯一一种相当可怕的推论:有些人的生命会被认为比其他人的生命更有价值。此后不久,盖茨夫妇建立了他们的基金会,并且发表了一封公开信,解释了他们的推动力的由来。在2007年的一次演讲中,当回忆起那段经历时,梅林达·盖茨说：

> 我们知道我们支持什么：所有的生命都有平等的价值——在非洲和印度贫民窟的饥饿的孩子，和你我的孩子一样宝贵，在美国主要城市挣扎的家庭和在安全的市郊的家庭同样值得关注。归根结底，所有的人，不管他们住在哪里，都应当有机会过上一种健康而富足的生活。

当你开始踏上你自己的旅途时，你可能会发现，有几件事情是你非常关注的（或者说，如果你是一个基金会首席执行官，你可能会发现，你的捐赠者的动机是笼统而模糊的）。在这个阶段，这并不是一个多么关键的问题，因为你只是在辨别在不久的将来，你将会（或者不会）尝试去更多地了解的东西。当到了需要为追求你的目标而形成一种策略的时候，你的"末位选择"的项目清单将和你的优先选择项目清单一样重要。不过，那个时间段绝对不是现在。

你需要花时间去学习，扩大你的眼界。与你的配偶以及父母谈话。给自己足够长的独处时间并深入思考。了解你的导师、同事和顾问——你的人生当中那些明智的人——的想法。广泛地阅读。拜访其工作为其他人所赞赏的非营利组织机构。倾听其他慈善家谈论他们所做的事情。捕捉你的想法并且再次回顾它们。我们所了解的一位慈善家在开始他的慈善之旅时，首先顺手写下三个词："青年"、"学习"和"社区"。随着时间的推移，在进行回顾和总结之后，这三个词现在已经成功地指导和引领他开展了长达二十多年的慈善活动。

明晰性是关键

在你恰如其分地了解你的价值观和信念之前，如果你启动战略太快，在进行实际操作的过程中，你就很可能把资源浪费在从一个关注领域跳跃到另一个关注领域上面。你也可能会造成损害——不仅仅是对你自己的名誉造成损害，也会对你的受让人的名誉遭受损害。正如我们在后面的章节将会强调的那样，捐赠者与受让人的关系是非常重要的，同时也很容易受到伤害。作为一个慈善家，你不但有责任去做善事，还要尽可能避免带来伤害。在确定你的优先选择之前了解自己的价值观和信念，能够帮助你实现这两个目标。

明晰性——也即清楚地了解自我意向——对于那种侧重于复杂问题的慈善事业尤其重要。当你捐资建设危地马拉的卫生设施或者一个研究工作实验室时，你其实是在应对一项特定的挑战，这种挑战既是具体和有形的，同时也是你必须将其完成到底的。你在中途失去信心或者改变方向的概率相对较小。这未必等同于慈善事业需要解决的其他许多问题，比如改善农村社区弱势儿童的福利状况，或者帮助获释的囚犯在离开监狱后过上正常生活。

类似这样的社会问题都很复杂，而且某些问题具有多种不同的成因。实际效果往往需要很长时间才会出现，而且可能在多年以后，你才能够清楚地看到它们的影响。做出参与其中的决定，需要毅力、承诺和坚持到底的愿望，以及针对某些模糊结果的心理准备。你可能永远无法在你的捐赠规模和任何实际成果之间划上一条清晰的连线。在这种情况下，价值观的明晰性——你最初为什么会参与集中——可能会为你坚持到底提供一种强大的动力。

了解你的价值观，也是我们所知道的达到这样一个目标——确保你从事的慈善事业始终体现出对你而言最重要的价值——的最好方式。随着时间的推移，你今天所确定的特定的优先选择，可能会发生相应的调整和变化。然而，内心深处的价值观往往会长期存在，在你从事慈善事业的整个一生当中，它最终可能成为一种始终有效的检验标准。如果你要建立一个希望它能够永久存在的基金会，那么让你的价值观变得清晰而明确，将会使你在离开这个舞台很长时间以后，你的基金会更有可能继续体现你的价值观，并在此基础上开展行动。

约翰·D和凯萨琳·T.麦克阿瑟基金会——美国最大的基金会之一——的早期历史，为捐赠者在定位不明确时可能发生的情况提供了一个最好的警示性的范例。当约翰·麦克阿瑟在1978年成立该基金会时，他建立了一个小型董事会，董事会成员包括他的妻子、他的儿子罗德里克、他的公司所赞助的一个电台的实况播音员保罗·哈维以及三个生意合伙人。对于基金会应当如何运转，或者应当做什么事情，他有意识地没有给基金会下达任何指令。"我知道有一些基金会，他们的捐赠者似乎死后都还要试图插手基金会的事务，"他解释说，"我已经向托管人保证，当我离开这个世界以后，他们可以自行运作。"

麦克阿瑟在他的基金会开始运转时离开人世，而且基金会的托管人的确自行操作基金会的事务，而且并未按照他可能设想过的那种方式进行。很快，对于基金会应当采取什么方向（以及应当怎样实现基金会法定财产的多样化）出现了争议。争议的一方是麦克阿瑟以前的合作伙伴，他们自称是"致力于企业自由和反对更多的管理控制的中西部商人"。争论的另一方是麦克阿瑟的儿子，他声称"基金会必须站在社会改革的前沿，基金会应该对管理进行引导，从而发挥基金会的'社会良心'的作用"，而且他希望看到麦克阿瑟基金会"侧重于资助追求他们的理念、做出他们自己的发现的'特立独行的天才'"。他们能够达成一致意见的唯一一件事情，就是在指导基金会的活动和事务方面，托管人应当发挥带头作用。

第二年，董事会投票将自身数量扩大到包括15名成员（包括一个获得诺贝尔奖的经济科学家和麻省理工学院名誉校长），以帮助解决如何确定方向的争议。尽管个别托管人启动了某些出色的计划，包括目前可能仍是其最著名的活动方案的"麦克阿瑟研究员计划"，但这场角力仍在持续并最终变得白热化，因为罗德里克决定起诉（后来撤诉）除两个董事之外的其他所有人，指控他们挥霍基金会的资产，并充实了他们自己的腰包。罗德里克在1984年年底的去世结束了这场骚动，但是又过了15年，基金会才彻底解决了其发展方向的问题。

总而言之，明确你自己的目标，你才有可能让你自己与其他人更加有效地合作。这一点极为重要，因为虽然最终决定可能是由你做出的，但你很难独自做出正确的决定。即便用来支持相关行动的所有金钱都出自你的名下，其他人也会参与其中并施加某种影响。你对于你的价值观的描述越是清晰，你的价值观就越是有可能产生适当的影响。

模糊性是大忌

1955年1月19日晚上，美国哥伦比亚广播公司播放了一部名叫《百万富翁》的电视剧的第一集。这部电视剧讲述了一个名叫约翰·贝雷斯福德·蒂普顿的处于半退休状态的实业家，他总是以匿名的方式，看似随意地给予没有任何心理准备的个别人提供100万美元（按照现在的美元价值标准，这在当时相当于800万美元）。对于观众而言，蒂普顿（观众看到的总是他坐在那只高背皮椅上的背影）表现出的个人特征，永远只是他那有些沙哑的嗓音和袖口扣着衣扣的右臂；这个影子一样的人物，会把出纳员开出的一张支票交给他的执行秘书迈克尔·安东尼，并由后者把它交给每周的某个受领者。约翰·贝雷斯福德·蒂普顿似乎完全是独自在采取行动。在他的慈善事业中，没有任何家族成员，没有任何托管人，也没有任何参谋人员，只有迈克尔·安东尼参与其间。他从来不会两次把钱交给同一个受让人，也从来不会与他慷慨捐助的对象保持任何长期关系。

这并不是慈善事业在现实世界中发挥作用的常规方式。作为一个现实世界的慈善家，你的身边几乎总有其他人伴随左右。你可能有配偶、家族成员，或者是对你的慈善计划有兴趣的朋友，或者是某个专业顾问，或者是以上所有的人。如果你创建了一个基金会，你会有托管人，而且可能至少有几个工作人员。如果你是一个大型基金会的领导者，你就可能有需要参与管理的为数众多的职员——每个人都有自己的一套价值观、信念和相关的意见，它们可能与捐赠人或者你自己的基本理念要么相符，要么相左。

对于什么值得去做及其原因，所有这些人都有他们自己的想法。明确你自己的价值观，将使意见更容易最终达成一致。这会迫使各种不同的意见被摆到桌面上来，而且可能会避免将来出现的麻烦。

在创建杜克捐助中心——该中心资助了杜克大学和其他几所教育机构，以及南卡罗来纳州和北卡罗来纳州的社区——的信托契约上，烟草业巨头詹姆斯·布坎南·杜克要求每年在托管人会议上，都要大声阅读全部捐赠文件。他认为这份文件包含了他的意图和他的价值观，而且他希望文件能够无限期地影响托管人的讨论和决定。

不幸的是，达到这种效果并不总是很容易或者很自然的。人类的本性往往鼓励我们避免对抗，尤其是与家族成员和亲密朋友之间的对抗。表明你的个人信念，然后与其他人加以讨论，可能会是一个混乱、激烈和令人疲倦的过程，最终的结果也可能并不完美。然而，这种不适是非常值得忍受的，因为相比于明晰性，模糊性的代价在这方面总是极高的。

不妨看看发生在我们所知道的一位慈善家身上的事情，

我们可以把他称为切斯特。像我们大多数人一样，切斯特对于能够反映他的价值观、信念和世界观的公共政策和政治倾向有明确的概念。不幸的是，他在很长的时期内，一直没有意识到他的政治取向和他的慈善理念之间的关系。

切斯特在十多年以前，首次建立了他的家族基金会，当时他仍在商业领域工作。随着基金会的发展，切斯特雇佣了他的前职员艾伦来担任基金会总裁。一开始，艾伦直接为切斯特工作，帮助他回应各种慈善请求，协调董事会会议，以及管理现有基金。然而，切斯特在公司承担的职责非常占用时间，而且在没有考虑清楚的情况下，他就把越来越多的权力逐步转交给艾伦，与此同时，他还进一步加强了由他的家族控制的董事会的权力。因为业务调度的冲突，他有时不能出席董事会会议，也很少阅读大量的董事会手册包含的全部细节。

与此同时，艾伦为基金会的优先遴选领域——公共卫生、教育和环境——设计了得到董事会批准的高端项目战略。他聘请了一个团队，后者通过辛勤工作，将那些令人兴奋的投资需求的清单提供给托管人。随着时间的推移，基金会大幅度增加了它每年的捐赠额度，作为首席执行官的艾伦显然进入了他自己的工作轨道。

接下来，切斯特突然退休了。他辛苦操劳了大半生，决定把余下的时光用于慈善和服务。他希望他的基金会的工作变得更有成效，为此，他把亲身实践的方法用于他的捐赠事业，把他内心深藏的保守信念倾注到他的基金会所做的每一件事情当中。对于公共政策施加积极的影响，将成为他的慈善遗产。

然而，这当中有一个小问题：无论是艾伦还是工作人员，都不能认同切斯特的价值观和政治信仰。他们都更加倾向于自由主义，切斯特的三个儿子（他们都是托管人）当中的两个也同样如此，他在很大程度上忽略了这一状况。他那完全由他辛苦赚来的钱进行资助的家族基金会，显然已经有了它自身的运行轨迹。

切斯特面临一种艰难的选择：要么接受现状并放弃他的理想；要么解雇所有的人，并且经受此举对于他的家庭、他的名誉和他的基金会的附带损害。切斯特没有直面他的价值观和信念应如何反映在他的慈善事业中这一核心问题，由此为他自己和其他许多人带来了严重的问题。

我们前面说过，明确你自己的价值观，有助于其他人与你更好地合作。现在，让我们从相反的方面表达同样的观点：不明晰的价值观会使他人更加难以与你有效合作以及为你工作。模棱两可会使关键性的战略决策——例如，确认一个真正的慈善机会，而不是让这样的机会白白溜走，或者是选择恰当的受让人——难以付诸实施。

这些问题随着时间推移只会变得更加复杂，尤其是在捐赠者已不在世的情况下。根据我们的观察，接下来将会发生的情况是很容易预见的：处于模棱两可状态的决策者不得不"做出妥协"；越来越少的钱提供给越来越多的受领者；慈善活动的过程（例如捐款周期）变得越来越难以控制。在大多数情况下，实际结果可能会用"表现不如预期，但还算令人满意"这类说法加以总结。慈善事业仍会有所进展，它取得的影响力却可能是有限的。而且，即便每个参与其中的人可能都对他们所做的事自我感觉良好，但这并不必然意味着他们真的做得很好。

相比之下，明晰性能够使别人努力兑现你的意图，同时也能够顺应他们自己的时间和精力需求。在这方面，阿尔弗雷德·P. 斯隆基金会提供了一个很好的范例。该基金会长期侧重于增强公众对于科学的理解。作为通用汽车背后的指导性天才，斯隆考虑过他的基金会可能在某一天将协助出品与科学议题有关的影视剧这一可能性吗？ 或许从来没有考虑过。 但实际上，超过十多部影视剧（包括受到称赞的由迈克尔·弗雷恩导演的电影《哥本哈根》和由戴维·奥本创作的电视喜剧《证据》）都是在斯隆基金会的帮助下而问世的。我们认为，阿尔弗雷德·斯隆泉下有知，必然会对这一结果感到高兴。

慈善不是一次性的活动

我们已经介绍了这一概念：满足你的慈善愿望的过程，并不是一次性的活动。 正如斯隆这个例子所显示的那样，它也不是一个仅仅和在世的捐赠者有关的问题。 任何诱因都可能说服你、你的继承人和托管人，或者是你的基金会成员重新考虑优先选择的问题。

例如，随着你的经验的积累和兴趣的变化，你的个人观点可能会在一段时间后发生改变。 你在 39 岁时，可能想为贫穷的儿童做点而事情；在59岁时，你或许希望建立一种对抗非洲的艾滋病的组织机构；在79岁时，你大概希望通过宣传活动来巩固以上所有这些成果。或者说，财政状况的变化（包括变好或变坏两种情况），可能会迫使你做出艰难的选择和新的决定。2008年的经济衰退，大幅度地减少了许多慈善家的资源，并促使他们重新评估他们的优先选择。相比之下，巴菲特家族接受的挑战要相对轻松一些，因为他们的基金会的资产在大环境不利的局面下，甚至竟出现了令人印象深刻的激增！

随着时间的推移，参与你的慈善事业的人员构成也可能发生变化。你的孩子会长大并最终参与到你的家族基金会当中，或者说，你的基金会将有新的领导集体进行管理。新的参与者将会提出新的问题，从而对当前的优先选择造成影响。从另一方面说，你关心的问题可能会根据新的解决方案、来自政府或者其他非营利组织的新的关注点而发生改变。背景和环境总是会发生变化。比如，你长时间应付的问题或许很快就能够得到解决。毕竟，甚至就连当初令无数人惊恐的小儿麻痹症也已有了可靠的治疗方法！

无论具体情况究竟是什么，你都应该想到，在某一特定时刻基金会从事的活动，可能会使你或者你的基金会的决策者感到怀疑并予以重新考虑。如果你非常清楚你的愿望、价值观和信念，新出现的慈善项目的优先选择，应当能够持续体现出你最希望看到的对这个世界有益的结果。

第二章

什么是"成功"以及怎样获得成功

一旦你想清楚了自己的价值观和信念,并且决定了慈善事业的发展方向,你就需要开始思考这样的问题:怎样让你的资源利用获得最佳效果。简而言之,你需要进行战略准备。这并不意味着你需要放弃你最感兴趣的东西。不过,它确实意味着你需要把严谨的思考和有效的证据应用到决策结构中。

为你的慈善事业建立一种策略,是一个迭代过程,它需要提出并回答三个彼此而又彼此相关的问题:"这一慈善活动的成功标志是什么?""获得成功需要付出什么样的努力?"和"我需要承担什么样的职责?"我们发现,我们有必要从明晰性、现实性和个人化这几个方面来探讨这一过程。

首先是明晰性,我们在前面对于这一要点已经有所提及。它包括对成功的定义进行细化,这有助于帮助你确定把资源用到何处。不管你最终的定义是什么,它都应当能够使你确立任何特定的慈善活动的具体界限。现实性涉及在经过思考和判断之后，如何安排为获得成功所必需的一系列活动（慈善家经常以"创新理念"来描述这一过程）。最后，个人化涉及如何确定你是否愿意（并且能够）为了成功而承担起个人责任。当你自己的能力或者与其他任何组织合作时，你是否有足够的金融资源和非金融资源来实施你认为可行的战略呢？

为了简单化起见，我们将在本章探讨这一战略过程的前两个部分，明晰性和现实性。我们将在第三章探讨你如何为开展慈善事业而解决个人责任问题的第三个方面。然而在实践中，这个过程很少是那种所谓的"线形"过程。你想获得什么样的成功，你打算如何获得成功，以及获得成功所需要的资源水平（金融和非金融的资源），这些方面最终必须成为一个连贯的整体。所以，如果你发现，你在关于成功的定义与你的创新理念之间，以及在你的选择和你实际上能够使用的资源之间有过周期性的来回摇摆（从而最终形成一种雄心勃勃而且令人鼓舞，同时又非常可行、因此完全有能力操作的策略），你根本不必感到惊奇。

要了解这三个方面如何组合在一起，从而创建出一种强

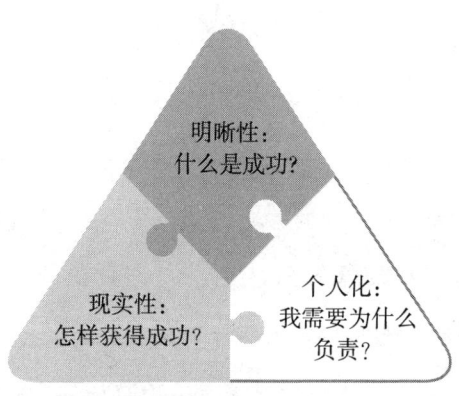

什么是"成功"

有力的战略,不妨考虑一下加利福尼亚的詹姆斯·欧文基金会的资深决策者怎样发展出后来被称为"学习链条"的行动计划。

詹姆斯·欧文基金会:
把中学和大学以及职业联系起来

该基金会在1937年由加利福尼亚的农业开拓人詹姆斯·欧文创立,它的使命是"扩大加利福尼亚人参与到一个成功、充满活力和具有包容性的社会的机会"。为了达到这一目的，基金会的捐赠项目主要侧重于艺术活动以及州的公共政策的决策过程（即推动"加州民主"），以及年轻人这一群体（从14岁到24岁）。关于年轻人的计划的目标是"增加境况得到改善的加利福尼亚低收入年轻人的数量，这些年轻人到25岁时将准时完成高中学业，并且获得大专学历（包括两年制和四年制大专学历，具有大专证书或者满足大专实习年限）"。这项使命的基石是一个开始于2005年的长期行动计划，该计划把高中教育、学生的兴趣点以及进入大学和职业准备联系起来。

推动这一计划的过程面临着一些严峻的现实。加利福尼亚有三分之一的高中生在毕业之前辍学，因此根据调查，和其他完成学业的高中生相比，他们因危害社会而锒铛入狱的概率是后者的9倍，他们陷入贫困处境的可能性是后者的两倍。该州另外三分之一的年轻人在毕业时并没有达到大专教育水平，然而该州四分之三的工作需要高中以上的教育和培训水平。这些问题所带来的负担很重，因为为数众多的年轻人需要直接承担这些代价，还有一些加利福尼亚年轻人不得不面对这些以入监率、公共援助需求、少收税收收入，健康状况不佳和熟练劳动力供应不足的局面而导致的代价。

当他们开始侧重于"学习链条"计划（类似行动过去在加利福尼亚被称为"多途径改良"计划）时，欧文基金会领导层已经参与到一项为期三年的研究和发展过程中，这一过程包括资助用于发展和教育的各种方法。他们也研究了这一领域的最佳思考方式，并且吃惊地发现，强大的数据显示：当学生们了解他们所学的内容与他们的未来前景之间的关系时，就会导致更高的中学毕业率、更高的大学入学率以及更高的收入潜力。这种以学生需求为重点的"学习链条"方法，也非常符合基金会的核心价值观。

然而，要确保让整个加利福尼亚的高中生（尤其是那些来自低收入家庭的学生）获得进入大学和职业发展途径的机会，并不是一项容易应对的挑战。有效的"学习链条"途径融合多个方面的要素：具有较高要求的技术教育和生化、艺术、媒体和工程学（对于接受再教育而言，这些领域都需要严谨的学术技能）专业领域的现实经验。但是，现有行动计划的质量并不能满足需求，而且这种状况只是需要解决的诸多难题当中的一个。其他难题还包括：为地区和学校管理者提供校舍以及为教师提供培训和职业发展机会；为引入或者更新项目的学校提供教学课件和技术援助；颁布能够推动学校的实践活动发生重要变革的新政策；动员公众支持"学习链条"计划；以及建立与教育工作者、商人、家长和学生的联盟。

为了迎接这些挑战，欧文基金会的领导者制定了一种包括三项并行的系列活动的策略：证明什么是可行的——首先是在各个学校层面，然后是在区的层面进行（实践活动）；使家长、企业界和地区管理者对这些计划日益增长的势头产生兴趣并积极参与其中（公共愿望）；与决策者和教育界的领导者合作，以确保相关服务得到资助和更广泛的人才供应（政策支持）。

为了在这一工作中发挥激励性的作用，他们在2006年建立了加利福尼亚高校和职业中心（ConnectEd），一家总部位于伯克利市、有二十多个员工的独立的非营利组织。除了提供教学和培训，促进合作，以及成为一个协助巩固行业知识和教育体系的中心以外，ConnectEd也帮助建立了一个包括180多个教育、企业和劳动机构在内的联合体，这些机构共同参与了在整个州的范围对基金会项目进行推广的工作。

尽管这一行动计划目前仍处于初级阶段，但取得的成果令人鼓舞。最初参加示范项目的学校和州的平均水平相比，已经有了更高的入学率和毕业率，而且在 16 所学校当中，有 6 所学校的毕业率是 100%。参与项目网络的学生也做好了进入大学的准备，而且有 4 所学校的 90% 的高年级学生都符合进入加利福尼亚大学和加利福尼亚州立大学的标准，这是一个令人印象深刻的数字。在区的层面对这一工作进行评估的工作目前正在进行当中。根据这一评估，欧文基金会将会继续完成它的战略，以取得更多和更理想的结果。与此同时，它的领导层也在继续探索和研究：他们在 2010 年展开相关调研工作，以了解如何将"学习链条"计划的受益者扩大到在 18 岁和 24 岁的校外青年当中。

明晰性：什么是成功

从广义上说，慈善事业的成功是有益于社会的成功，它是让社会变得更加美好的过程，而且，在没有共同努力的前提下，这一过程可能很难实现。或许它意味着让一条受到污染的河流恢复生机，或者是降低发展中国家的孕妇死亡率，或者是让一个城市长期流离失所的人们尽快拥有永久的居所。

　　弄清楚对于一项特定的捐赠或者活动而言何谓成功，这涉及将你为社会设想的那种成功转化为某种形式的结果或者成果（就像前面描述的那样），从而能够让决策者了解到，应当如何以最有效的方式把珍贵的资源加以利用以及用在何处。你所设想的成功影响的范围越广，围绕你打算用资源"拼图"实现的目标而形成的确定性，就会变得越重要。

　　例如，不妨假设气候变化是你最感兴趣的问题。你（和我们一样）可能都听到过慈善家们滔滔不绝地大谈他们"扭转全球变暖"的决心。这样一种设想可能振奋人心，也会让人产生强烈的参与愿望。但是实现这一目标对于任何单一国家而言——更不用说对于一个捐赠者或者基金会——都太过艰难，而且，对于帮助你如何做出取舍这一目标来说也太过宽泛。归根到底，这不可能为你针对如何分配有限的慈善资源做出决策而提供一种有益的"透视镜"。

　　要想形成这种战略上的明晰性，你需要把你对于一个"全球气候变化已经扭转"的世界的看法转变成一种高度明确的结果，这一过程能够推动资源分配方案和做出必要的取舍。哪些目标可能在考虑范围之内？推动美国联邦贸易立法。保护一万英亩的巴西雨林带，使之免受砍伐。减少发展中国家的燃煤发电厂的碳排放。

这些答案中的任何一个（以及其他许多我们已经介绍过的答案），都代表着一个可能有助于扭转气候变化这一整体目标的结果，也代表着一个可能有助于引导决策方向的有关成功的定义。它们当中哪一个适合你（是不是你感兴趣的方面），最终取决于你的信念和如何以最佳方式解决气候变化问题的认识，以及你当前能够利用的资源。

实现恰如其分的明晰性，需要具有针对你打算服务的人群、你试图解决的问题做出明确的决定和取舍的原则。例如，最基本的取舍之一就是：要么减轻目前的痛苦，要么直接面对它的根本原因：比如，为一个地区的粮食储备提供长期支持，或者资助旨在为低收入人群提供可能带来最低工资保障的工作的行业培训计划。你想选择哪一种方案，你想拒绝哪一个领域，仍将取决于你的价值观和信念。我们不妨看一下相关的例子。

比如，许多慈善家正在致力于减少他们所在地区弱势青年的数量。从表面上看，在这方面关于成功的定义看上去非常清楚：你可以比较在你开展慈善活动前后这种情况的年轻人的数量对此，而且假如数量下降，那就是一种成功。不过在实践中，这个定义所带来的问题要远远多于它给出的答案。

譬如，你怎样定义"弱势"？是财务、社会、健康还是情感方面的弱势？那个弱势的群体是高中辍学生吗？是在单亲家庭长大的吗？父母当中有一个甚至两个人都在监狱服刑吗？总是处于饥饿状态或者过于肥胖吗？他们属于上述一种还是多种情况？同样，你所指的"年轻"是什么意思？学龄前的孩子？小学生或者初中生？高中生？刚满18岁的青年？某个跨越以上年龄段的群体？而且由此还可能衍生出其他问题：在你所选择的群体可能面对的诸多问题当中，哪个问题是最需要首先解决的？通过你自己的能力或者与他人合作，你能够面对一个多大范围的地理区域？一个居民区？多个居民区？整个学区？整座城市？

做出类似的选择没有任何捷径。你需要考虑"软性"的价值观和"硬性"的证据以及数据：你关心的领域，以及相关问题的已知信息，问题的规模、难度、基本成因和可能的解决方案。对于做出正确选择的需求十分清楚，并且以严格的纪律性实施这一过程，是开展慈善捐助的先决条件。

在很多情况下，一个在你最关心的领域从事有效工作的强大的非营利组织或者非政府组织（NGO）的存在，可能会帮助你锁定最适合你的事业。不妨考虑一下克拉伦斯·戴的经历，这个美国田纳西州的企业家将他在密西西比河的家族地产变成了一个重要的商业领地。

克拉伦斯·戴：帮助被忽略的孩子

就像我们前面假设的例子当中的慈善家一样，戴很早就已经开始深切地关注他所在社区的弱势孩子。他已经听说过"青年村"，一个在1986年建立的位于孟菲斯市的非营利组织。该组织因为长期关怀处于高风险的孩子和家庭（比如父母和子女失和，导致后者离家出走），并且帮助他们建立良好的情感关系而有了全国性的声誉。1999年，戴联系了这个非营利组织的首席执行官帕特里克·劳勒，请他为自己描述那些缺少帮助的孩子的状况。

劳勒对他讲述了一些年龄较大的青少年的问题，这些孩子因为年龄的缘故，即将脱离州的各种养育计划。在整个青春期时代，这些青少年通常从一个养育场所或教养院被送到另一个类似的寄养机构。与他们的同龄人相比，他们的教育水平往往低得多，而且可能有复杂的心理健康问题，也更容易发生滥用毒品、参与犯罪和少女怀孕的情况。同样重要的是，他们缺乏支持系统来帮助他们完成向成年人的艰难转型。在许多情况下，这些处于不利地位、并未对成年生活做好准备的年轻人总是被人忽视，他们当中有很多人要么无家可归，要么锒铛入狱甚至不幸夭折。

在1999年，戴的基金会拿出200万美元，资助了青年村"过渡时期的生活"项目。其目的是通过在居住、就业和教育方面提供关键性的支持，帮助17岁到22岁的年轻人在成年时代有一个良好开端。这个项目为一个弱势群体带来了理想而持久的结果。尽管根据全国性的调查统计，在因为年龄偏大而脱离州的监护以后，有超过三分之一的年轻人会处于无人关心和无家可归的境地，但在"过渡时期的生活"计划实施两年后，87%的参加者都生活在类似于家庭的环境中。而且尽管在通常情况下，在脱离监护之后，这些处境危险的青年通常只有55%会避免法律纠纷，但在脱离该计划两年以后，74%的参加者都没有在法律方面带来任何麻烦。戴和他的基金会继续支持在田纳西州的这一计划，其中包括为州长提供配比赠款，也即以共同资助的形式将这一计划的范围进一步扩大，以帮助更多的年轻人。他还帮助青年村将这一计划扩大到其他各州。到目前为止，戴的资助行动已经帮助了三千个以上参与这一计划的年轻人。

一个关于成功的可靠的定义能够满足三个重要标准。首先，它能够反映慈善家的价值观和信念，比如，当他（她）正在制定决策之际（以直接的方式），以及在其他人正在制定决策的情况下（譬如就基金会而言），或者说，决策是从基金会捐赠者传承给当前决策者的遗产的一部分（以间接的方式）。其次，它的含义足够具体，因而有助于引导你做出将会资助什么以及不会资助什么的决定；实际上，你能够使用它做出取舍和制定可行的战略。第三，它能够使你衡量你的慈善事业是否有所进展。换句话说，在一段时期后，当你资助的计划的成果开始显现时，你将能够判断你的事业是否正朝着正确的方向发展，或者说，你能够知道是否需要重新校准和修正进程。

克拉伦斯·戴关于成功的定义符合这些标准。桑德勒基金会关于 ProPublica——该基金会建立和资助的一家独立的新闻编辑机构——的成功的定义也同样如此。

桑德勒基金会：揭露腐败和滥用权力现象

赫伯和马里恩·桑德勒使格尔登－韦斯特金融公司成为美国最大和最受尊敬的储蓄和信贷公司之一。他们共同掌管桑德勒基金会，并且确立了一系列涉及范围广泛的慈善目标，其中包括开展被忽视的疾病的研究，声援处于弱势的人群和拯救遭到破坏的环境，协助推行美国的民主事业，以及揭露腐败和滥用权力的现象。作为该基金会最新开辟的慈善项目，ProPublica属于最后这个类别。"我们不能容忍权力滥用，或者是那些损害无权者利益的当权者，而且我们不能忍受腐败，"赫伯桑德勒解释说，"它会让我们发疯。"因此，这对夫妇决定将它们的一部分慈善用于寻找和揭露"下一个安然公司"，并且阻止在未来可能出现的新的"安然公司"。

与此同时，桑德勒夫妇知道，在很大程度上因为财政压力，主流媒体正在削减调查报道——一项资源密集型的活动和用来打击腐败的关键工具之一。"我们都知道在市政府、州政府、联邦政府和大公司的潜在的腐败，因此必须有人对他们进行监视，"桑德勒说，"这是揭发内幕和探听丑闻人士的传统。"为了继续捍卫这一传统，桑德勒夫妇决定建立和资助 ProPublica 这一独立的新闻编辑机构，以便开展深入的调查报道，并将调查结果免费提供给主流新闻媒体，例如《纽约时报》、《华盛顿邮报》和全国公共广播电台等诸多机构。

根据桑德勒夫妇的最终目标以及他们的价值观和信念，ProPublica 的成功的衡量标准，不是取决于它的产品——主流媒体采用的报道的质量和数量——而是取决于实际效果：这些报道产生的影响。"我们都尊重新闻调查，但报道本身并不是目的，"赫伯·桑德勒说，"如果它没有产生任何影响，如果它没有改变现状，那么它就只是一个有趣的故事，本质上没有任何意义。"

这一富有洞察力的观点解释了为什么当时桑德勒夫妇被问到有关 ProPublica 的成功实践时，他们提到的并不是他们的这个机构与《纽约时报》共同获得的普利策新闻奖。事实上，他们谈到的是他们与《洛杉矶时报》共同发表过的一篇文章。那篇以 ProPublica 开展的一次调查为基础的文章，报道了加利福尼亚的注册护士不正规的管理程序。当护士被指控虐待病人或者具有其他违规行为时，加利福尼亚护理委员会平均要用三年零五个月时间调查患者投诉并做出结论。在这段时间里，护士往往被允许继续上岗。当这篇报道发表以后，州长阿诺德·施瓦辛格立刻介入此事，并更换了委员会的大多数成员——这是对于这次调查结果做出的直接反应。

现实性：如何获得成功

根据你掌握的信息，你对开始设想的有关成功的含义大概有了已经有了某些认知。现在你需要考虑这些认知能否构成一个可行的战略，或者说，它们是否只是你的一厢情愿的想法。

实行此操作的一种方法是，明确地表达出非营利部门的许多人士所说的一种"创新理念"的本质。简单地说，创新理念首先涉及你希望看到这个世界发生的改变，其次是提供你认为实现这种变化所需要的一切条件。这一过程将确定需要加入其中的关键性参与者（包括你自己），每一个参与者必须做的事情，以及他们为什么可能会按照你所期待的方式行事。为了让这一概念变得更加生动，我们不妨看看几个现实的例子。

德雷珀·理查兹基金会：为社会企业家投资

硅谷风险投资家威廉·德雷珀和罗宾·理查兹·多诺霍在 2002 年建立了德雷珀·理查兹基金会。得益于他们的专业经验，他们坚信支持那些有能力、有积极性的人的价值——只要给予他们提供充足的（用来吸引更多资金的）种子基金和指导，他们就能够成功实现创业梦想。当他们建立自己的基金会时，他们将这一价值观引入到他们的慈善活动中。

"我们相信，富有才华和敬业精神的领导，是社会改革的关键所在，"他们在描述他们的"社会企业家"计划时写道，"为了达到这一目的，当社会企业家开始经营他们的非营利组织时，我们会向他们提供资助和业务指导。"他们解释说，在他们的另一项"奖学金计划"的背后，创新理念同样在发挥作用："通过在关键性的起步阶段给予支持，'德雷珀·理查兹奖学金计划'能够帮助杰出人才实现广泛的社会创新。"

既然改革离不开精力充沛、富有才华和敬业精神的领导者，那么慈善家的角色（正如德雷珀和多诺霍看到的那样）就是找到和扶持这样的领导者。另外，受让人必须有一个有可能改变游戏规则的想法，一种能够显示出其有效性的计划，以及一个能够加以衡量的操作过程。

基金会意识到，这些要素不仅极为宝贵而且是必需的，因此，他们并没有把捐赠范围局限于特定的项目领域。实际上，他们愿意与正在处理各种问题的社会企业家进行广泛合作。提高非洲的作物产量；通过让伤残老兵进入美国各地的服务型领导岗位，帮助他们实现就业；为低收入的巴基斯坦家庭提供资助，使他们能够获得高质量的灾难性卫生保健，所有这些，都是他们的受让人追求的目标。

德雷珀·理查兹基金会要求它的潜在受让人提供一份系统的商业计划，而且如果计划被接受（在基建会做出恰当的评估之后），基金会和受让人就会形成一种长达数年的合作关系，并且根据受让人在此期间的业绩表现，决定是否继续给予资助。通过这种关系，德雷珀·理查兹基金会能够提供战略培训和指导，并致力于让社会企业家广泛进入一种"实践社区"，以便彼此学习和互相帮助。

德雷珀·理查兹基金会关于成功的定义是"让优秀的人实现广泛的社会创新"。虽然基金会并不指望每一个受让人的事业都能够变得兴旺发达，不过，他们已经拥有了一份令人印象深刻的有关成功故事的清单。譬如，最早进入这张清单的人物之一是约翰·伍德，"阅读书屋"计划的创建者，他实施的这一计划旨在创建学校校舍和双语图书馆，为发展中国家的弱势儿童提供受教育的机会。在该计划长达十年的时间内（即在德雷珀·理查兹基金会于2002年开始提供资助起8年以后），"阅读书屋"已经通过它的440所学校、5100个图书馆，以及为女孩提供的4000份奖学金，帮助了发展中国家的170万儿童。

"没有火星儿，你就不能点燃火焰，"德雷珀·理查兹基金会的网站引用美国摇滚乐明星布鲁斯·斯普林斯廷的话这样说。根据德雷珀·理查兹基金会的创新理念，所谓的"火星儿"就是高效率的领导者，只要他（她）得到恰当的指导和资源，就能够点燃威力强大的火焰。

什么是"战略"

在商业中，战略目标是具有竞争性的：彼此间进行残酷较量的竞争者都会努力争取客户，以便带来能够提升股东价值的财务回报。

在慈善事业中，战略目标在本质上是全然不同的：它不是围绕以获取利润为目标的竞争展开的，而是以合作为核心，以便实现社会影响力。对于一个试图确定如何让世界变得更好的捐赠者而言，类似于竞争战略、商业目标和客户忠诚度这类流行的商业概念，可能并不总是适用的。

如果说慈善和商业有重叠之处，那么这种重叠指的是这一概念：战略的本质——不管它是合作性的还是竞争性的——是资源分配。你的资源分配越是有效，你就越是有可能实现你真正想要的结果。

深思熟虑和行之有效的资源分配并不会自动发生。因此，从社会部门获得某些动态的指导概念，对于捐赠者而言是有帮助的。针对某个群体（或者某个问题），它会尝试为一个成功的结果给出定义，然后描述获得这种成功所需的最重要的条件（开展实际行动的各种要素）。"行为理念"是一个相关的概念，它详细指明了在有其他参与者的特定背景下，一个个人捐赠者或者基金会将要扮演的角色。这当中还会涉及一种"逻辑模式"。它描述的是能够影响创新、用以实现计划的特定途径带来的投入、产出和成果。即便是那些有丰富经验的慈善家，也会对专业术语的折磨苦不堪言，并且对一系列战略方法感到迷惑。我们的建议是，在情况允许的范围内，尽量使这一理解过程简单化。

出色的战略的确有几个成熟的标志：以你的核心力量为基础，保持客观态度，严格追求事实，关注最重要的目标，以及永不自满。

芭芭拉·李家族基金会：
让更多的女性参与公职

芭芭拉·李家族基金会例证了这样一个结论：怎样行之

有效地对待你在一个更大的创新理念框架下所发挥的作用，将决定你能否把远大的理想转化成具体而现实的战略。这个在1999年建立的基金会，旨在推动"女性在美国政界以及在当代艺术领域的平等性和代表权"。这个拥有130万美元资产的基金会的员工的数量和规模相对有限，他们必须谨慎和深思熟虑地逐步实现这些宏大的目标。

例如，"女性在政界"行动计划来自于李的基本信念，那就是，女性的声音能够强化我们的民主，丰富我们的文化。因此，该计划的目标就是"使女性充分参与美国的民主进程，增加她们进入各级政府的机会"。为实现这一目标，基金会有一个简单明确、但却意义非凡的创新理念：帮助女性获得被选举权。

虽然资源有限，但他们在这种创新理念下可以使用的选择机会却几乎是无限的，因此李和基金会成员对于他们究竟最适合在哪里发挥他们的作用，做过长期而且堪称艰难的思考。考虑到各州州长事实上是他们所在州的首席执行官，而且这一职位始终是通向总统职位的一条渠道，因此基金会资助了超党派研究，以便更好地了解女性获得州长职位面临的障碍和挑战，并且创建用来对抗这些障碍和挑战的战略。在

2001年，他们以指导手册（其尺寸大小很适合装入女性的钱包）的形式，公布了他们的研究成果，供候选人、他们的竞选活动的参谋和工作人员以及一般公众使用。根据基金会主管艾德丽安·基米尔的描述，在全国范围内争取候选职位——从学校董事会成员到州长职位——的女性，都认为这样的指导手册"丰富了她们的策略，帮助她们避开了那些已经毁掉了其他女性的候选资格的陷阱"。

虽然李承认，基金会永远都不能将成功的竞选活动与基金会的努力直接（更不要说完全）联系起来，但过去的十年间，女州长的数量增加了一倍以上（从16个增加到34个）。各种迹象表明，李专注而不懈的努力，始终是这一成就的一个重要（虽然相对有限）的驱动力。

一个慷慨的捐赠者：大力支持土地保护

一个我们所了解的美国新英格兰市的慈善家——他往往喜欢以匿名方式提供捐赠——曾经长期支持土地保护。然而，随着他对于这一领域的参与越来越广泛，也越来越了解土地保护的机遇和障碍,他对于如何通过最佳方式做好这件事的观点发生了改变。

我们的这位朋友一向重视这个国家的自然资源。"我的父母在经济大萧条时期还都是孩子,而且我们全家人总是一起活动——比如一同远足并在州的公园以及国家公园居住——这样就不会花费很多钱,因为我们需要把这些钱节省下来用于教育和退休,或者是用于应对下一次经济危机。我在纽约郊区长大,我非常真实而且强烈地感觉到,那里具有人们可以无偿使用的自然空间。"

受到每个人都应该享受自然这一信念的指引,他对成功的定义是节约和保护土地,以便它能够为子孙后代所使用。为此目的,他的第一个创新理念很简单:为特定的土地地块的保护提供个人捐赠,而且用他自己的话说,"这样的感觉很不错。"然而逐渐地,随着对被保护的土地面临的挑战了解得越来越多,他的看法也在改变。

"我了解到,用于土地开发的全部金钱是用于土地保护的 20 倍以上。20 倍!"他回忆说,"而且如果你仔细想想,你就会意识到这当中有一个问题。既然可以使用的钱只有土地开发的二十分之一,我就最好从战略上考虑清楚,我应该

第二章 什么是"成功"以及怎样获得成功

把这些钱用在哪里。"当他的脑子里有了这些数字以后，他做出了新的决定：不再只是自行购买土地，而是在捐赠出他的钱的同时，也通过多种方式鼓励其他人拿出钱来从事土地保护。这样一来，他就能够为土地保护"扩大市场份额"。

大约在这一期间，他参加了一次介绍皮尤公益信托公司的配比赠款成果的报告会；这种方式对他产生了吸引力，尤其是在经济萎缩已经削减了用于土地保护的捐款的背景下。所以，他开始以匿名方式向个别城市提供他自己的"配比赠款"。如果一个城市能够通过公民投票对公民自身征税，以发行债权的方式承担保护他们的重要自然资源的部分成本，他就会通过城市的社区基金会提供必要的追加基金。

首先选择这种配比赠款方式的城市是美国缅因州的斯卡伯勒市，它批准了将 100 万美元用于土地保护的债权公投法案，由此获得了这位慈善家另外 20 万美元的捐赠。更多的城市紧随其后，而且到目前为止，只有一个城市的社区基金会拒绝选择这种配比赠款的形式。

随着这种配比赠款活动的展开，这位慈善家意识到，他正在看到一种更为重要的结果：当市民为他们所在地区的土地保护承担起责任时，他们就会成为他所称的大自然的"伟大保卫者"。他一直在使用他自己的金钱,但是,他也在培养和他一样热爱这项事业的群体,后者会相应地采取措施,进一步保护他们已经开始协助保护的土地。为了扩大有见识的土地保卫者的队伍,他还拿出100万美元的捐赠,用于支持一个以大学为基地的环境项目。这个项目包括为土地信托领域工作人员提供培训,以便他们有能力为资助土地保护迅速提供新技术。

运用创新理念,需要你明确关于"世界怎样运转"的假设。根据实际情况,"世界怎样运转"可能涉及怎样做出决策,组织之间是否要展开合作,以及它们实际上会有怎样的表现,等等。这种分析可能非常有助于让你看到在哪个环节上缺少关键性的信息,你的逻辑在什么地方经不起推敲。或者说,它能够让你意识到,在获得成功(至少是你暂时定义的那种成功)所需要的条件与你能够使用的资源之间,是否存在一条不可逾越的鸿沟。总而言之,它会迫使你面对这样的问题:"要想让我的创新理念在实践中产生真正的效果,我必须拥有什么样的信念呢?"

例如,许多慈善家认为,如果他们找到了一个被证明有望获得成功的试验计划,致力于相同的事业的其他资助者和组织很快就将接受它并且进行复制（这基本上是"一招鲜，吃遍天"这一陈旧理论的一个版本）。然而实际上，很少有哪个试验计划能够真正引起广泛的青睐和模仿。而且，只要对那些取得显著成功的计划稍作研究，我们就能够很快发现，将理想变成现实的过程，通常需要付出难以想象的时间、精力和金钱！

使用创新理念还能够帮助你意识到，要想获得成功，你很可能必须让你的同行在这一过程中发挥某种作用。在大多数情况下，慈善家凭借个人努力所能取得的成就（如果说有什么成就的话）非常有限。成功至少要依靠那些受到你决心要解决的问题最直接影响的人（也就是那些你准备为他们提供帮助的人，或者是那些你试图对其观点和思想进行施加影响的人）的参与。不过，主要"演员"的阵容远远不止如此，它还包括提供直接服务的非营利组织或者非政府组织，其他捐赠者和（或者）基金会，某种类型的中介机构，企业和（或者）政府机构的某种组合。你越是了解这一领域的现实动态，你就越是有机会建立起一种合理的创新理念，这毫不奇怪。

研究"地形地貌"

建立一种理想的创新理念和一个可靠的慈善战略所具有的挑战，并非完全不同于一个准备进入全新市场的商业领袖面临的挑战，或者是准备冲击新的顶峰的登山者面临的挑战。 如果你想成功地应付这一挑战，就必须掌握足够多的相关信息，因为你面临的往往是一个未知的领域。 所以，你能够搜集的有助于了解这一领域的特性的信息越多，你为发现机会和在挫折面前能够迅速适应所做的准备就越充分。

我们熟知的一位金融家的经历证明，在这方面，不去调查相关的"地形地貌"可能会付出多么大的代价。 这位我们不妨将他称为布雷特的大金融家做出过一个决定：在他的职业生涯的下一个阶段，他想致力于"改变社会资本市场"。他曾就职于他所在大学和一家著名的艺术博物馆的董事会，而且一直是当地几家慈善机构的忠实捐赠者。 他觉得他很了解那些非营利组织，而且他感觉到，那些组织存在低效率和过度浪费的情况。 似乎有太多的组织都得到过捐赠，而最好的组织却长期陷入资金供应不足的窘境。富有的捐赠者总要面对五花八门的捐赠机会，却没有任何区分出一般机会和最佳机会的简单途径。除了花好几个钟头的个人时间苦思冥想以外，他和像他一样的捐赠者都没有任何确定如何分配资源的有效方式。他认为，他需要的是相关数据。

他得出的结论简单而且有力：建立一个类似于Morningstar的非营利组织（Morningstar是一个为谋求利润的投资商提供研究资源——包括各种股票和投资分析在内的研究——的行业佼佼者）。他将他创建的这个机构命名为"捐赠者市场"，并且聘请了两个有才华的企业管理硕士，来帮助他起草一份令人信服的商业计划。这一概念的核心是以创造社会影响为基础，并辅以"具有激励性质的市场环境（捐赠者可以通过它向最佳的非营利组织提供捐赠，信息可以通过它自由地分享）"的一种整体系统。为了让他的这个新型企业正常运转，布雷特投入了100万美元。

布雷特和他的分析师们没有做的事情是仔细研究周边环境。他们长达18页的业务计划，恰好有四句话提到了"竞争"，其中一句话断言："'捐赠者市场'营业模式将是适用于非营利组织的、唯一一个以社会影响为核心的评价系统。"尽管他们识别出了参与这一领域的许多组织当中的一部分，但他们并没有与其中任何组织进行过交流。他们完全相信，他们采用的方法是具有创新性的更为优秀的方法。然而，他们完全错了。

事实上，作为信息聚合的平台，许多组织多年来一直在开展工作，它们的目标就是帮助刺激社会资本的流通并使之合理化。其他相关的参与者包括网络捐赠市场、大型的商业化捐赠者指导基金、私募机构、创业投资基金和慈善协会。当然，在将近一个世纪的时间里，从纽约到克利夫兰，到旧金山，到夏威夷的社区基金会，始终都是为当地捐赠者所信任的信息来源。

尽管在这些组织当中，没有一家与布雷特的"捐赠者市场"相同，不过它们都有帮助捐赠者做出决策的相关现实经验。如果布雷特能够努力从它们的经验中学习，他就有可能更好地衡量他的行动计划的可行性。他就会知道，收集成千上万的非营利组织准确和及时的信息很难说有多少实用性，而且精确评估一家组织的影响尚且具有挑战性，更不必说几千家组织了。他甚至可能会发现，由于所有的慈善事业都具有个人化性质，相关数据可能会有所帮助，但未必是决定性

第二章 什么是"成功"以及怎样获得成功

的。与非营利组织打交道的个人经验和原因往往更重要。

在退出这一行动之前，布雷特耗费了3年时间和超过60万美元的投资。无知和自负使他付出了高昂的代价。

以谦逊的态度和喜欢探索的头脑从事慈善事业，有助于避免各种问题，同时也能够使你的资源得到最佳利用。另外，考虑到与你感兴趣的领域相关的信息必然具有环境特性，我们建议你提出几个基本问题：

- 与你感兴趣的领域关系最密切的人——也即你准备给予帮助的人——是否理解你的目标？
- 还有哪些人正在积极参与你所从事的事业？
- 在现实世界中，与慈善有关的哪些做法正在起作用？那些做法似乎并不奏效，原因是什么？
- 针对你面对的问题，专家会怎么说？
- 其他人过去有过怎样的尝试，他们得到了什么经验教训？
- 现在处理你面对的问题的时机成熟吗？
- 针对你面临的问题，是否存在某种具体的、而且特别管用的解决办法？是否存在某些可以进一步成长的组织（即扩大发展规模），而且它们似乎能够成功地解决你感到棘手的问题？或者从相反的角度来说，是否存在大量可能需要通过创新和小规模试验（相当于给"土地"播种）加以解决的开放性问题？

你可能会发现，随着你了解的情况越来越多，对于相关信息的掌握越来越丰富，你就会从大量的"失败"当中获益，因为你会知道哪些事情不应当做。与此同时，你能够从了解的信息中找到成功的案例，甚至是从你面对的挫折中看到希望的曙光。毕竟，你的目标是要解决问题，而不是把时间浪费在无效的工作上面。举例来说，不妨看看杰夫·沃尔克和他的合作者通过 NPower 这个非营利组织所完成的事业。

杰夫·沃尔克：恰当利用成功的解决方案

1998 年春天，纽约的风险资本家杰夫·沃尔克与他的几个合作者进行了一场谈话（后者与他共同支持了当地的一些非营利组织）。他们都对这样的事实感到担忧：他们参与其中的几个非营利组织把大量时间和金钱浪费在开发独特的技术解决方案上。正如一个非营利组织的首席执行官最近对沃尔克承认的那样，"我在技术研发上损失了100万美元。我好像不知道这笔钱到什么地方去了。它让我们一无所获。"

当沃尔克和他的伙伴们讨论这个问题时，他们意识到，他们需要做的，就是建立一个能够在非营利组织当中分享技术解决方案的机构。他们很想知道，假如一个非营利组织想到了建立起一个捐赠者中央数据库的有效途径，为什么它就不能与其他非营利组织共享这一模型呢？

在有了这一概念的萌芽之后，沃尔克和他的伙伴们决定进行调查，看看是否有其他人员或者组织正在解决同样的问题。"我们不是要开辟某种具有竞争性的领域，"沃尔克回忆说，"我们想到的是，为什么我们不在全国范围内作一番调查，看看还有谁在做相似的事情并向他们学习呢？"在进行这种非正式调查的过程中，他们偶然接触到NPower，一家位于西雅图、由微软公司提供部分资助的公司。事实上，NPower不仅正在开展沃尔克和他的同事们打算提供支持的那种事业，而且对于将这一事业在全国范围内推广非常感兴趣。

沃尔克帮助该组织将必需的资金整合到一起，最终在纽约建立了一个 NPower 的附属机构。自那以后，NPower 在全国范围内成功地实现了事业的扩张。在 10 年时间内，它帮助解决了超过 2.5 个非营利组织——包括许多位于纽约的非营利组织——的需求。若非因为沃尔克他的合作者花时间调查并掌握了更多的信息，他们就永远不会找到位于西雅图的 NPower。由于他们建立的是彼此相似的模型，他们可能会浪费宝贵的资源，而且也不会获得重要的信息。

作全局性的"地形地貌"调查，或许还可以帮助你找到真正的"空白领域"，也就是以前似乎没有人考虑过、具有潜在可行性的选择机会或者战略。事实上，这正是迈克尔·J. 福克斯基金会形成其战略的过程。该基金会在 2000 年由影星迈克尔·J. 福克斯创立（也即在他被诊断患上了早期帕金森综合征 9 年之后）。

迈克尔·J. 福克斯基金会：
找到真正的"空白领域"

从一开始，迈克尔·J. 福克斯基金会就致力于通过一种将给予其大量资助的研究项目，为帕金森综合征寻找一种治疗方法。不过，福克斯和他的同事们，包括首席执行官卡蒂·胡德在内，都决心不去重复别人的工作内容。在基金会成立之初，他们启动了一项正规的"研究周边环境"的工作，旨在了解其他投资者把资金投在何处，并且评估该基金会的基金在哪个领域能够发挥最大的作用。

这项工作使基金会不再侧重于作为国家卫生机构关注的传统领域的基础性研究，而是集中精力填补药品开发渠道关键性的空白——它是能够带来重要变化的"空白领域"。这相应地使基金会专注于为研究者创造激励措施，引导他们重视开展治疗而不是做出最新发现，并通过新的途径与同行合作，彼此分享信息，以便加速将新的治疗方法推向市场。

因为人们把基金会看成是一个诚实的经纪人，它由此就具有一种有助于形成一个跨领域视角的独特地位，也能够吸引各种各样的参与者——从名人、研究科学家到风险投资家——进行对话和辩论。出于对于该基金会的经营模式的尊重，关注疾病研究的其他基金会也越来越多地仿效它的努力。

你应该在多大程度上进行这种有关"地形地貌"的周边

调查呢？这要视不同情况而定。用来支撑一种创新理念的事实的获取过程，可能需要一天时间，也可能需要一年时间，这取决于你面临的挑战的复杂性程度，以及你需要你掌握的事实最起码应具有多大的准确性。在大多数情况下，你为调查付出的努力，应当与你期待的结果以及你打算使用的资源成正比。考虑为你曾多年就职于其董事会的一家艺术博物馆或是一所医院的资本运动做出积极努力是一回事，而你在对相关问题事先没有任何经验的前提下，希望帮助改变国家的环境政策，或者希望终止中止血腥的"钻石贸易"则完全是另一回事。

通常说来，你正在考虑的实际行动（和金钱）的规模越大，你面对的问题就越复杂。而且，推动创新的最重要因素的不确定性越大，你在展开行动之前需要搜集的新的信息和关键事实就越多。

这就是说，我们在分析过程中也要防止优柔寡断。超大量的数据——包括不相关的数据——都会给你带来安慰，虽然它会干扰你对当前任务的关注力。寻找完善的、足以改变游戏规则的数据，几乎总是一个陷阱，因为当你提出真正困难的问题时，那些可以用来确定行动方向的标志物为数寥寥或者很少存在。

你如何知道，你应当在什么时候结束全局性的调查呢？这始终是一种主观判断，而且你需要有很好的判断力。但是，当你的战略成熟到能够通过两种具有实用性和常识性的检测过程时，你就可以确定，你的调查正在接近尾声。首先，你获得的事实与支撑你的创新理念的关键假设并不矛盾。其次，一个客观、理性和有见识的旁观者看到你的数据和逻辑时会说，"是的，这一定管用。这种策略是以我知道的全部情况为基础的，因此它是可行的。"

不要低估面临的挑战

或许你会觉得，这一切看上去简单易懂而且合乎情理，甚至也许是显而易见的。可是，我们经常看到慈善家们总是仓促采取行动，尽管他们并未弄清楚哪些要素才能构成成功的要件，也不知道应采取怎样务实的态度才能获得这种成功。

问题出在哪里？从本质上说，问题出在人性这一方面。

从事公益行动必然会让人感觉良好,因为个人的慷慨之举而得到感谢和称赞,必然会令人心情舒畅。相比之下,把纪律性强加到自己头上(至少是在从事严谨的实践过程中),并且去做本章所描述的那种艰辛的工作,显然不会带来同样美妙的感受。有谁愿意去做那种艰难的选择呢(尤其是在没有任何强制性的外在理由的情况下)?在一个追求卓越是一个自我强加的目标的领域,我们都倾向于降低限制性的障碍物的高度,都愿意使用具有诱惑性、但却含义模糊的有关成功的定义。我们不愿去做艰难的取舍。我们不愿放弃白日梦一样的幻想。我们不愿拒绝资助那些其实不大可能给我们最关心的事情带来实际结果的请求。我们固然很慷慨,但我们没有受过严格训练。

然而,假如我们不对走弯路和无关因素说"不",我们的慈善事业就永远不可能达到应有的高度。只是依靠运气,会使我们的慈善事业停留在较低的水平上。没有一个清晰的、深思熟虑的战略,慈善就永远难以发挥应有的潜力。遗憾的是,那些对于他们所渴望的结果没有清晰概念的捐赠者并不少见;在未来几年之后,他们就将陷入到难以摆脱的苦恼当中,因为他们发现自己"没有取得像样的成果",或者是面临更为糟糕的情况，因为他们确信到头来"什么都没改变"。

有关慈善表现不佳的一个有名的例子，就是安嫩伯格的亲身经历。1993年12月，前驻英国大使瓦尔特·安嫩伯格向整个美国的各个社区提供了5亿美元的配比赠款，用来改善他们的公立学校。这种配比赠款要求安嫩伯格的资金与来自其他基金会的捐助相匹配。它也排除了直接提供给整个校区的捐赠，这意味着只有那些具有校园改革计划的校区才能够得到资助。但是，安嫩伯格对于他希望看到的结果并没有清晰的概念，也没有明确有关这一项目进展情况的检验方法。最终，资金的管理者完全可以根据他们的个人判断使用这些资金。

最后，在35个州的2400所公立学校当中，18个当地指定的项目得到了资助，覆盖的学生和教师分别超过150万人和8万人。这样的数字令人印象深刻，但取得的结果却并不那样令人印象深刻：在计划实施5年以后，安嫩伯格基金会认为，在所有的项目当中，只有两个项目值得进行更新换代（而且，另一个共同资助者后来把这两个项目当中的一个描述为"一次小题大做的努力"）。

当然，我们很难给安嫩伯格的行动计划贴上"失败"的标签。首先，它从当地资金来源当中获得了超过6亿美元的配合拨款，由此使得公立教育和私立教育的合作实现了前所未有的水平。同样重要的是，因为安嫩伯格后来致力于对结果的评估和共享，二十多年来，慈善家和教育家始终都在借鉴他的经验。值得一提的是，安嫩伯格并没有像许多慈善家那样，把那些令人失望的结果掩藏起来，而是有勇气直面那些结果和（在目前已知的范围内）出现错误的原因。

除了要清楚构成成功的要件之外，捐赠者还须警惕两种可能性：低估他们并不十分了解的问题的困难性，以及高估他们（和他们的同行）对于某些问题了解的程度。充满激情的慈善家往往是缺乏耐心的人；正如一个捐赠者明确地指出的那样，"当我们正在为自己的行动感到兴奋时，那些等待救助的孩子们却正在死去！"由于激情和草率使你没有去做必要的功课，得到的只能是肤浅的战略结论，或者把观点当成事实来看待，这也是慈善工作不如预期的一个原因。

当无知渗透于你的决策过程时，你相当于本没有指南针的情况下，在一个未知地带开始一场漫长的旅行——而且你几乎注定会迷路。这种情况在慈善事业中尤其棘手，因为它不仅会使你迷路，甚至难以察觉到这一结果。那些显然已经迷失方向的慈善家，常常给自己的努力打上"100分"，由此宣告自己的胜利，并且继续面对新的挑战。这些已经看到了自己潜在的失败的人，其实是最需要帮助的人，而他们实际上并没有得到帮助。

无知是慈善最主要的敌人。自负是它的孪生兄弟。无论你是捐赠者、托管人，还是基金会的高级管理者，自负都会构成一种明确和现实的危险。古语说，"谁有了金子，谁就有了权力。"同样，哪里有权力，哪里就可能有自负的影子。

因此，本章的最后一个告诫是：不能低估从梦想到影响这一过程面临的战略挑战。要通过严格训练让自己做得足够出色。要对抗那些与生俱来、但却不受欢迎的人类的倾向性。通过必要的努力廓清有关成功的定义。尽可能了解怎样通过与别人的合作取得成功，这样，你就能够增加运用有限的个人资源，从而使世界发生重大变化的概率。

第三章

我应当为什么负责

要求其受让人承担责任的慈善家的数量正在飞速增长。不过，要求自己承担责任的慈善家的数量仍然极少。对于慈善家而言，他们正在失去一个不该失去的机会。为什么呢？因为直面"我应当为什么负责？"这个问题，不仅是对你的慈善战略进行压力测试的最佳途径，而且也是实现你渴望获得的成果的关键，这一点对于个人捐赠者和基金会主管人员同样适用。

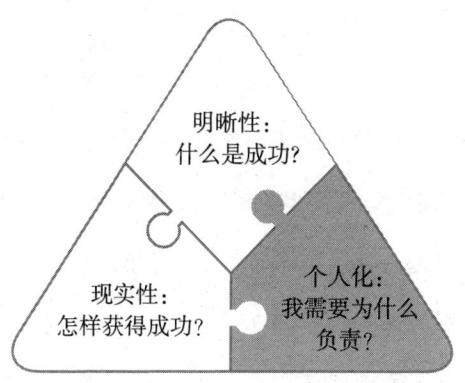

当我们认真地承担起责任——无论它是对于我们的家庭

和朋友、工作上的同事，还是团队成员的责任——的时候，我们往往都会确保自己足够清楚那些需要完成的任务，并做好准备去尽自己的本分。在慈善事业中的责任并无不同。当我们真正准备好为成功而承担责任时，我们就可能会尽我们所能，确保投入的资源与致力于实现的结果相称。

在前一章，我们分析了在有关明晰性（"什么是成功？"）和现实性（"怎样获得成功？"）的背景下，我们为尽可能地取得这种平衡面临的挑战。现在我们需要了解"个人化"这个范畴。这意味着要把你自己和你的资源放在最显著的位置，再次审视你的战略，然后检测它的可行性，此时，你要问问你自己：你能否而且愿意——没开玩笑——为行为战略的成功负责。

我们为什么会认为个人化这一点如此重要，以至于需要用一个章节的篇幅专门论述呢？因为在慈善事业当中，卓越是自我强加的目标。除非你要求自己表现卓越，不然，其他任何人都不会要求你这样做。当你的慈善事业的结果尘埃落定之际，这一可怕的真相不但会使你对于表现不佳（以及令人失望的局面）高度敏感，而且也会增加你草率地对待那些你原本希望给予更多支持的个人或者事业的风险。

决定你需要做的事情以便促进创新的发生,是一种既需要你的头脑,也需要你的心灵的选择。对于任何特定的慈善活动而言,适当的战略必然应当与你有限的资源——你的金钱、你的时间和你的影响——相一致。它将以你的实力为基础。而且,它将令你产生一种利他主义的满足感,因为它需要那些你愿意,也有能力捐助的资源。

我能够提供哪些资源

说到"慈善"这个词,金钱是人们想到的第一个,往往也是唯一的资源。人们可能会用相对平实的措辞做出这样的结论:慈善的本质,就是把稀缺的金融资源分配到能够为社会产生最大效益的各项事业中。但是,无论你是否认同这一说法,它充其量都是不完整的。归根到底,金钱基本上既是一种商品,也是一种个人财富。不管它的数量有多么惊人,和许多慈善家以及基金会致力于解决的问题相比,金钱本身的作用可能微不足道。所以,如果你真的决心要让你的捐赠产生最大的影响,你需要尽可能宽泛地定义你为开展慈善事业所需的资源。这意味着你需要从金钱起步，但不能仅仅停留于此。

正如在金融领域的股权投资能够通过举债经营实现一样，在慈善领域，慈善资金的供应，能够通过各种非金融贡献得到满足。这些贡献主要是指时间的付出和影响的运用，其中包括你用一生时间获得的经验和技能、你的声誉以及个人和职业关系网。这些无形资产是否会起作用，在哪里起作用，以怎样的方式起作用，都会有所不同。它将取决于你决定与之合作的组织和个人的状况以及需求，更不用说取决于你特定的创新理念。当你开始考虑你能够为实现结果做出的贡献时，你就完全有必要将各种无形资产作为重要因素，纳入到你的资产负债表和财务报表当中，而且要在你已就你的整个慈善项目清单做出承诺的前提下做到这一点。

正如我们前面已指出的那样，我们在本书中谈到决策的制定过程时，在很大程度上是以单一的慈善活动或者慈善战略为出发点的。不过实际上，大多数慈善家都会追求一系列他们感兴趣的慈善项目，这意味着他们在一个领域做出的选择必定会影响他们在其他领域能够做出的选择。换句话说，这些选择涉及需要进行必要的和基本的权衡。

你能够支撑多少感兴趣的领域，还有，有多少领域是你的能力的极限——对于这些问题，只能根据你的资源，以及你愿意就这些资源的使用所做的取舍情况，在个例基础上做出回答。在商业世界里，当战略家思考和撰写如何做出取舍这个问题时，他们通常会反复强调"聚焦点"一词的力量，并力劝管理者把他们的资源集中于几个具有强大竞争优势的有吸引力的市场。然而在慈善事业中，一个更为集中的慈善项目组合，并不一定会产生更大的影响力。换言之，针对任何特定级别的资源，两个慈善项目的实际效果未必优于四个慈善项目。

最重要的是要记住，没有任何慈善决定是孤立存在的。每一个新的承诺都需要做出取舍，取舍过程不仅仅要围绕它涉及的金钱数量，还要围绕它可能对你的时间（以及你使用个人影响的意愿）的需求进行。使这些决定变得清晰而明确，要比对它们不做任何审视好得多。否则的话，一方面，你会面临在某一天会发现自己承担了过多责任的风险，另一方面，你可能会陷入所谓"花生酱慈善"——也即把你的金钱、时间和影响分配到太多的活动当中，以至于每一条战线都处于相对薄弱的境地。

最后一点，你可能还需要考虑至少给自己留下一点儿"闲置"的能力，这样一来，当新的机会出现时，你就能够把握住它们。这是一个明智的做法，因为它会使你对于较为重要，但却不曾预料到的资助机会迅速做出回应。它还会促使你对于当前的捐赠行动反映出的情况灵活地做出回应，比如，当实际情况表明你需要增加投资时，你就会及时地追加捐赠额度。在20世纪80年代和90年代，基金会捐赠者针对教育改革采取的做法的差异性，便为上述结论提供了一个很好的例子。

参与早期的教育改革浪潮的基金会，都往往一股脑儿地选择和资助特定的理念或项目。这就减少了后来出现的其他更具潜力的理念获得成功的可能性。相比之下，在20世纪90年代，那些作为引领者的基金会能够致力于让他们的"火药保持干燥"。他们一开始小规模支持数量有限的教学实验（比如创建特许学校和"教育凭单计划"）。因此，当某种有价值的想法或概念开始证明其自身价值的时候，他们就能够迅速做出回应，因为他们有足够的能力做出更大的承诺，提供更多的资助。

有了以上这些结论作为背景，让我们进一步了解慈善家在不同程度上拥有的三种稀缺资源：金钱、时间和影响。

让你的金钱创造出最大价值

在历史上，慈善的核心活动一直是捐钱，而这始终占慈善资产的大部分。而且，相对于平均每100美元资产的公共支出，现有的大多数基金会每年支出都在5美元左右——一个能够满足法律所要求的5%的支出水平。这一数额包含提供给受让人的金钱（为了便于说明情况，比如是4美元），以及合理的行政开支（按照我们所举的这个简单的例子，其数额便是剩余的1美元）。在很大程度上，本书侧重于帮助你的慈善资产——也即交给你的受让人的4美元——产生更好的结果。在后续的章节中，我们将围绕这4美元解决一系列重要问题，其中包括在第四章谈到的"恰当地投资能力建设"这一需求有关的问题。然而，数量虽少但却不断增长的捐赠者，正在通过以金融资源促进社会创新的方式补充（甚至是替代）传统的捐赠方式。我们探讨这一动态主题的目的，是从广义上并以创造性的途径与你进行经验交流，其核心目的,就是要促使你考虑"我怎样才能以最佳方式使用我的金钱,从而获得成功"这一问题,而不是非要让你的思维模式局限于更为常见的做法。

对于新手而言,花在和捐赠有关的支出上的1美元是什么意思呢? 这当中的大部分,可能是支持你的慈善事业所必需的直接行政负担(在某些情况下,这个数字可能会小得多,譬如,你通过某个社区基金会或者是你自己的捐赠者指导型基金展开工作)。 但是,不妨设想一下,你打算使用这1美元开支的一部分来帮助实现成功——也就是让它产生非常类似于直接提供给受让人的4美元能够带来的结果。 譬如说,你可能决定雇用有经验的项目经理与受让人合作,或者聘请咨询顾问提供技术帮助或者领导能力培训。 你也可能会投资各种有价值的活动,从技术开发、技术研究、相关测量和评价手段到重要会议的组织。 虽然这些费用可能会降低用于慈善捐助的金钱额度(这就是说,它会占用4美元的一部分),不过,在你为取得结果而付出的金钱和为达到同样目的可能导致的开支之间的平衡性,并不是什么神圣不可侵犯的事情。 例如,一个参与宣传和倡导活动的捐赠者可能会发现,相对于以增量方式把越来越多的金钱提供给一个非营利

第三章　我应当为什么负责

倡导组织,另外一种做法——把钱直接花费在一种宣传活动上——要有效得多。 这个简单但却微妙的要点——除了捐钱之外,还可以花钱——可能成为带来更好的结果的一个有效途径。

捐赠者尝试让他们的钱产生最大效能的另一种方法就是资本聚合——把他们捐赠的 4 美元与其他人的金钱结合起来。 许多类型的非营利组织(包括本地教会和基督教救世军在内),其实多年来一直都在通过筹集资金的努力"聚合"慈善资本。 在这方面,一个最古老的身体力行的实践者,就是建立于 1887 年、通过开展"工作场所运动"聚合资本的美国联合慈善基金会。 确切地说,它的做法是,来自于个人捐赠者的善款被汇集在一起,以帮助解决当地社区迫切的需要。 这种现在高校常见的大规模的资本活动,为那些富有干劲的组织围绕公共目标而聚合个人捐赠提供了鲜明的例证。

然而,在最近几年,另一个强大的资本聚合形式已取得突出地位:在机构捐赠者当中形成的战略联盟。 这一联盟的目的是促进资本增长和(或者)解决重大社会问题。 埃德娜·麦康内尔·克拉克基金会的"增长型资本聚合试点"计划提供了有关前者的一个例子,而气候工作基金会(Climate-

Works）是有关后者的一个例子。

十多年来，埃德娜·麦康内尔·克拉克基金会将其捐助对象侧重于那些主要针对年轻人、而且能够证明其行动计划行之有效的非营利组织，以便帮助他们接触到数量更多的处于困境的年轻人。当基金会发现，它的受让人扩大发展规模的能力因缺少充足的预付资本而严重受阻时，便在2008年开创性地启动了"增长型资本聚合试点"这一项目。

通过使用严格的选择标准，该基金会的领导层选定了三个受让人——护士之家、青年村和公民学校——参与这一试验计划。旨在创造出1.2亿美元资金流的克拉克基金会拿出了3900万美元的捐助资金，并积极帮助受让人获得了其余的8100万美元的资助。在不到六个月时间里，他们就筹集到了全部资金，而且有19个共同投资人（包括机构捐赠者和个人捐赠者）签署了一份谅解备忘录。这份文件确立了联合职权范围、性能指标和共享报告，以及只要受让人实现商定的阶段性目标，就可以继续使用资金的金融模型。根据克拉克基金会的预期，到2012年，这1.2亿美元的私募基金，将能够帮助这些机构获得额外的7亿美元公共资金作为补充。

在2007年，六个对于全球气候变暖具有共同关切的基金会，资助了一项旨在回答一个关键问题的研究项目，这个关键问题就是："在对抗气候变化的斗争中，需要做什么才能获得一场真正的'胜利'？"这项名为"目标就是胜利：慈善在对抗全球气候变暖的斗争中的角色"的研究，使得威廉和弗洛拉·休利特基金会、麦克奈特基金会，以及戴维和露西尔·帕卡德基金会这三家基金会拿出10亿美元，资助创建了气候工作基金会——一个其目标是到2030年减少一半温室气体排放的新型的非营利组织。气候工作基金会与一个由诸多附属机构构成的全球大家庭一道，正在致力于支持防止气候变化和推动可持续经济发展的各项公共政策的制定和颁布。

具有创新精神的慈善家们，也正在探索怎样有效利用资产负债表上更多的资产（即在我们前面的简单化的例证中，通常并不作为逐年开支的剩余95美元的任意部分）以资助更多的社会创新。在2009年，比尔和梅林达·盖茨基金会宣布，除了它的传统捐赠方式以外，它还建立了以贷款、股权投资和贷款担保的形式提供4亿美元的资助计划。这个行动标志着这个世界上最大的慈善组织的一种转变，那就是把它的300亿美元资产的一部分和受让人直接联系起来，而不是简单地从它的善款中拿出部分投资收入并予以交付。

"我们正在使用一种保守的方法充实我们的资产负债表，"该基金会的首席财务官和前投资银行家亚历山大·弗里德曼说，"这就使得我们在为帮助穷人所需的大规模的项目预算之外，又得到了一个4亿美元的大礼包。"

在2010年，这些捐赠资金当中的一部分用于支付与APS特许学校——加利福尼亚一家顶尖的特许学校网络组织——之间达成的债券契约。盖茨基金会与查尔斯·海伦－施瓦布投资公司分别提供800万美元，作为对于APS学校网络9300万美元债券的保障性支持，而后者将帮助供应特许学校所使用的永久设施。除了帮助APS每年支援4000个学生以外，这些资金还允许它享有一个更优惠的贷款利率，这为这家组织在整个贷款周期节省了1100万美元以上。

其他捐赠者在以举债运作的方式充实他们的资产负债表的同时，也一直在进行聚合资本的工作。例如，5个彼此独立的基金会最近把它们的资源汇集在一起，为纽约城市房屋局（NYCHA）的一个开发计划提供了第一等级的风险资本。NYCHA致力于为纽约市中低收入居民提供安全、体面和负担得起的居住条件。纽约的住房极其昂贵，需要大量的投资资本用于维护和更新。因此，基金会创立了"共同基金保障"

计划，使开发商可以获得用于防止拖欠还贷的贷款，从而能够降低以后的投资者面临的风险。就上面所举例子而言，那些最初的投资帮助吸引了许多额外的资助者，包括纽约市的某些银行，它们拿出了2.5亿美元用于次级贷款担保。利用这些资金，NYCHA建设了3万套低收入住宅。

"使命关联投资"这个术语，囊括了一系列旨在使用资产推动特定的社会使命的活动和手段。其中涉及的具体办法包括：项目关联投资、贷款担保和其他形式的抵押，以及旨在带来社会收益和财务收益的投资组合。譬如，就后面这一类别而言，一个环境慈善家可能会做出决定，不但要避免投资那种会导致环境损害的公司，而且还要更深入一步：去投资实际上正在开发清洁能源——比如风能或者太阳能——的企业。同样，一个决心应对城市贫困问题的捐赠者，可能在同一时间做两件事情：把钱提供给帮助穷人的非营利组织，同时使用投资基金把风险资本提供给城市落后地区处于创业阶段的小型企业。

奥米戴尔投资集团（ON）证明了这种思维方式可以带来怎样的结果。将自己视为一个慈善投资机构的奥米戴尔投资集团，一方面投资于追求利润的社会企业，同时也向非营利组织提供捐赠。"我们从'我们需要灵活的资本投资'这个前提出发,"管理合伙人麦特·巴尼克说,"我们首先对这个问题形成真正的认识,然后确定什么是可以采用的最适当的资本类型。"这种双重办法的一个例子是该公司 N 对于 BRAC 的支持,后者是一个位于孟加拉国的侧重于扶贫的开发组织,也是世界最大的非政府组织之一。奥米戴尔投资集团和和它的姊妹机构"倡导人类团结组织"一道,已经为 BRAC 在塞拉利昂和利比里亚的工作提供了慈善资本和投资资本;它们通过股权投资,支持在这两个国家开展的小额信贷业务;而且,它们正在为当地卫生志愿者提供资助,用来推广基本护理以及对于疟疾、肺结核和霍乱等疾病的治疗。

有趣的是,易趣的首任总裁杰夫·斯考尔也采取了一种推动社会创新的投资关联方法。他为此创办的企业"参与者传媒",已经制作了一些热门纪录片,比如关注全球变暖威胁的《难以忽视的真相》,和强调美国教育改革重要性的《等待超人》。

斯考尔解释说:"当我们观察一个项目时,我们首先会看它是否是一个值得讲述的好故事。它有商业价值吗?人们会去看它吗?但更重要的是,影片所讲述的社会创新会比我们投入的资本更重要吗？对于我们来说，将影片投放到院线，仅仅是一场社会公益行动的开始。"

如果说像《等待超人》这样的纪录片清楚地展示出与社会问题的关联性的话，"参与者传媒"的所有影片都伴随着社会行动议程。譬如，《北方风云》是2005年推出的一部故事片，讲述了发生在美国的早期性骚扰事件之一。"参与者传媒"选择在重新授权通过《针对女性暴力法案》投票这一天进行公映。对于另一部影片《查理·威尔逊的战争》，该公司与老兵组织合作，帮助推广为老兵提供教育、卫生和心理健康服务的项目。"参与者传媒"甚至还确定了（就像一个基金会可能做到的那样）适合公益影片投放地点的六个重点地区。

就概念的特性而言，慈善和投资之间的界线可能变得非常模糊。英国集团公司维珍集团的创建者理查德·布兰森在2006年向全世界宣布，他将拿出30亿美元帮助解决气候危机。他在"克林顿全球行动计划"年度会议上宣布的这个承诺，显然侧重于一个关键性的社会问题。不过布兰森很清楚，这不是一项慈善事业，而是致力于投资像风力发电机组和清洁燃烧航空燃料这样的清洁能源的旨在追求利润的计划。

还有一个类似的投资范例：在2008年，克莱纳·珀金斯创业投资公司拿出了5亿美元的"绿色增长基金"，用来"帮助大众市场普遍采用气候危机的解决方案"。虽然基金会有明确的社会目标，但这并不是全盘的利他主义：克莱纳·珀金斯公司已经明确地计算出，这种投资策略将为其现有和潜在的投资带来很大的回报。

充分探讨慈善事业如何能够获得令人满意的回报，以及用于帮助解决社会问题的投资资产配置的问题，超过了本书涉及的范围。慈善事业不能够代替市场力量。在整个现代社会，市场已经推动了更高的生活标准，并导致了提高生活质量的革新举措。这一基本事实在今天的中国表现得非常明显，因为这个国家的经济繁荣已经让数以亿计的人摆脱了贫困。但是，慈善事业可以创造性地解决市场失灵现象，尤其是在那些市场力量产生了不良后果的领域，或者是在依靠市场力量本身不能解决社会问题的领域。所以，当你开始考虑如何让你的金钱产生最大效益的时候，你就有必要深入思考哪些问题本身适用于慈善解决方案，哪些问题通过其他手段，才可能获得更好的处理。

以最佳方式利用你的时间

人们拥有的财富总量千差万别，但我们每天都同样拥有24个小时。无论你是一个业余的慈善家还是一个全职的基金会领导者，怎样配置这一稀缺资源，都是你最重要的战略决策之一。

当彼得·林奇和他的妻子卡罗林正在抚养他们的孩子之际，以及当他正在确立他作为富达投资公司一个具有传奇色彩的资金经理人的声望之时，他们的大部分慈善事业，都是围绕着如何呼应那些从事他们最关心的事业的现有组织的需求进行的。然而，当林奇到了46岁，想到他的父亲在同样的年龄意外死亡这一事实时，他做出了一个自觉的决定，对他的优先事项重新作了排序。到1988年，随着林奇夫妇面对的职业问题和个人问题开始减轻，他们得以建立起一个他们能够为之付出很多时间的基金会。从那时起，他们在慈善事业中越来越多地亲自参与实践——审查提议，评估影响，以及在受让人与其他潜在的投资者之间建立联系。

相比之下，许多慈善家如今正面临林奇当初创业时的困境：工作和家庭责任，消耗了他们一天的大部分时间。高盛投资公司的执行总裁穆尼尔·萨特就是这样一个人。尽管职业工作对他的时间和精力有着极高的要求，但萨特仍致力于寻找各种方式直接从事他的慈善事业。"我的基金会没有任何工作人员，"他说，"因为我仍然想要亲自参与其中——我自己填写支票，亲自去完成基金会的各种业务，亲自去做调查和研究工作。"

选择具有出色的领导者的捐赠受让人，是萨特发现的有效利用时间的方法之一。"我要尝试挑选有能力的人。如果我看到一个有趣的理念，我不可能雇用数百人去管理它并对这些人进行监督，而且我也不可能进行长时间的研究，以便对它进行检验。我的关注点就是找到恰当的人选，也就是那种我相信他们有能力履行使命的一流的领导者。"因为他自己的参与度必然是有限的，于是萨特就要确保他选择资助的非营利组织的领导者具有带动该组织获得成功的能力和潜力。

乔希·贝肯施泰因是贝恩投资公司的执行仲裁和早期领导者，他通过实际行动，展示了当你不能把较多的时间用于慈善事业时，你依然可以追求成果的另一种方法。通过与新利润基金公司——一家全国性的风险慈善机构——建立的长期关系（包括担任其董事会董事长），他能够把侧重点牢牢地放在追求成果上面。新利润基金公司负责聚合慈善资本。它还审查和选择具有高潜力的社会企业家和组织，以便应对包括教育、公共卫生和对抗贫困在内的、对于社会资源流动性具有较大影响的问题。那些能够顺利通过新利润基金公司严格而合理的调查过程的组织，都会得到大力支持，这得益于该公司的慈善资产投资组合提供的各项辅助资金。

贝肯施泰因指出，像新利公司这样的媒介对于今天的许多慈善家而言可能是非常珍贵的："如果你代表的只是个人慈善家，你没有任何工作人员，那么，你如何确定在求助于你的50个社会企业家当中，究竟谁应当从你那里拿到钱呢？你可能会与他们逐一接触，但这是一个糟糕的做法。通过新利基金公司，更多的个人能够参与到那些出色的、为社会企业家提供服务的组织当中。"

每一个慈善家投入的时间都具有其个人特征。但是，某些事实似乎放之四海而皆准。一个最重要的铁律是，如果你是一个忠诚的慈善家，你已经决定把更多时间用于一个特定的领域（例如，在一个大规模活动中承担起一个领导者的角色），那么可以确定的是，对于你的时间要求只会增加而不会减少，而且追求成功的目标本身可能会进一步增加这样的要求。与此同时，每天仍然只有24个钟头。在做出新的承诺之前，把所有这些限制因素考虑清楚，将会非常有助于你面对新的责任和义务。

意识到这些限制因素以后，慈善家桑迪和琼·韦尔夫妇决定把大量时间仅仅用于几个合作组织。"在我们看来，"桑迪指出，"它并不是意味着要和这些机构一起做每一件事情。它不只是提供金钱或者四处施舍。慈善事业实际上涉及大量艰苦的工作，涉及激情和信念，以及需要付出的大量时间。"

这对夫妇通过实际行动把这些话变成了现实。在1982年，桑迪建立了国家学术研究基金会，该基金会支持一个全国性的职业院校网络，旨在帮助美国年轻人的职业发展；他从那时起担任其董事会的负责人。琼目前是阿尔文－艾利美国舞蹈基金公司董事会主席，她担任这一职位已有十年之久。桑迪担任卡内基音乐厅董事会主席长达二十年，并且在将近十五年的时间里，负责管理韦尔－科内尔医学院。

对于不断面临一系列竞争性责任的基金会高级成员而言，时间同样是重要和敏感的资源。当你的慈善事业以基金会为基础时，你的机构的规定和要求（口头以及书面）必然会规定哪些事情可以做，同时也会围绕哪些事情必须做而建立相关计划。例如，募集资金（由此展示你的价值）是你的责任吗？或者说，你需要通过充当合作组织管理层的一个顾问，以便为关键性活动发挥个人作用吗？这些选择不仅会受到基金会资金的平均规模和使用周期的强烈影响，也会受到董事会的优先事项和工作人员获得的内部支持程度这些因素的强烈影响。

同样，你的时间有多少用于提供新的捐赠，有多少用于继续兑现过去的承诺（以及为当前受让人提供资助）呢？在内部责任和外部能力建设之间的联系是什么（包括真实存在的联系和你所期待的联系）？在战略发展和基金会的日常进程之间的联系是什么？你有多少时间应当用于同其他捐赠者和主要合作伙伴的外部合作？

如果针对上述问题如何做出有效权衡这一点缺少考虑，那么由此产生的不良后果可能是惊人的。针对向一些基金会项目负责人提出的全部要求，我们做了一个粗略的计算。通过详细列出这些要求，我们发现，它们需要的时间超过了每周90个钟头。

根据我们的经验，个人慈善家和基金会工作人员都往往过高估计他们实际上能够为特定的慈善项目付出的时间。他们的动机是好的，但在许多情况下，因为某种原因，他们希望花费的时间并不能有所体现。他们的大量时间要么不得不用于兑现已经起步或者陷入麻烦的项目，要么不得不用于下一项新的事业。因此，你的现实的目标之一，应当是极其诚实地就已经做出的承诺面对你自己（和其他人）的责任，然后在考虑到所有制约因素的前提下，确定你是否有能力再做一些额外的工作。

以最佳方式利用你的影响

你的技能和知识、你的声誉、你的专长以及你的个人和职业关系网络——使用这些无形资产，促使人们去做他们在其他情况下不会去做或者没有能力去做的事情，是我们所说的个人影响的核心内容。在1986年，雷·钱伯斯离开了韦斯瑞投资公司——他和美国前财政部长威廉·西蒙共同建立的具有开创性的投资和收购企业。从那时起，在影响力可用来推动创新方式这方面，他的职业生涯提供了一个令人信服的例子。

钱伯斯的慈善活动开始于新泽西州的纽瓦克市,那里是他出生和成长的地方。这个城市的基本社会结构已经在1967年的血腥暴乱的余波当中瓦解,包括它的学校设施、文化设施以及经济和政治基础设施。他的第一个任务就是与该市的童子军俱乐部新上任的负责人芭芭拉·怀特·贝尔合作,重新修复被暴徒破坏的各项设施。他帮助该组织找到了是其预算四倍、并吸引了有影响力的董事会成员的新的资金来源。"我从未见过有什么人会像纽瓦克市人那样落魄,"他评价说,"这种局面是那样糟糕,我认为我没有任何别的选择。"

钱伯斯很快开始参与各种重建努力,包括建设该州的第一个表演艺术中心,以及为纽瓦克市最贫困的孩子建立辅导和奖学金计划。在1990年,当布什总统邀请他担任光点基金会的创始主席时,他的慈善事业发展到开始包括国家级项目的建设,比如他和慈善家杰夫·博伊西共同创建了全国教师辅导合作组织(现在被称为MENTOR),和科林·鲍威尔将军共同创建了美国希望联盟组织。

最近几年,他始终在帮助建设旨在唤醒公众消除全球贫困、饥饿和疾病的意识的千年承诺联盟组织,以及旨在消除疟疾威胁的"人人远离疟疾"组织。随着他的慈善事业规模的扩大，他继续使用使他在商业中获得成功的技能和知识，娴熟地利用金融杠杆积累用来做公益事业的资金；他知道如何建立能够带来高效率的联盟，也愿意求助于他广泛的个人关系网络，以及充分尊重那些给他以大力支持的合作者。也许最重要的是，他有能力鼓舞和激励其他人联合进来，共同创造某种新事物或者树立新目标。

就像钱伯斯所做的那样，让人们把金钱和（或者）时间奉献给你关心的组织，是使用你的个人影响的一个有效方法。不过，你越是全面地思考并专注地倾听你的合作者的需求，潜在机会的出现需要的时间就越长。毕竟，这个过程可能包括某种私人化的交流（比如一对一的直接交流），或者是利用你在职业生涯中形成的技能，为一个高性能但缺乏经验的非营利组织机构的领导者提供培训。或者说，你的重点可能是利用专业技能推进你支持的组织的影响力，就像琴·凯斯通过在1997年同丈夫史蒂夫共同建立的凯斯基金会所做的那样。

琴和史蒂夫以及他们的同事成功地开发和扩张了美国在线服务公司，帮助将网络在线空间从一个具有异国情调的

"社区"转变为一个几乎无处不在的数字资源。当琴于1997年首次进入慈善领域时,她认为自己必须"改头换面"——这就是说,不再作为一个商人而存在,而是要开始成为一个慈善家。不过她很快意识到,在慈善领域,成为一个"非常关注和热爱技术"的人,可能是一件好事。

从凯斯夫妇的技术专长受益的一个受让人是公益网络公司——一个能够通过网络方式,将捐赠物"提供"给几千家慈善团体的网络平台。公益网络在2001年的建立,罕见地得到了包括美国在线、思科公司和雅虎公司在内的多家企业的联合支持。在此后的几年里,凯斯基金会为公益网络提供了大量捐赠,并且通过战略规划和相关服务为它增添专业技能。自从成立以来,公益网络已经为五万多个慈善团体募集了4亿美元以上的资金。

凯斯基金会的技术专长为基金会的基本流程——比如捐资——提供了创造性的方法。它的"帮助别人就是帮助自己"捐赠计划的特征之一,就是依靠1.5万以上的个人以及各地社区非营利组织的建议和投票,提议和审查任意一项资金的受让人。这种选择受让人的"众包(指把工作任务外包给大众网络的做法,——译者注)"方法不仅取代了传统的善款分配方式,而且也使得一种新兴的"公民本位"的慈善事业成为可能。

一个历史上著名的、而且今天仍有指导意义的将职业技能运用于慈善活动的例子,来自于在1942年由艾伯特和玛丽·拉斯克建立的、以支持医疗研究为公开目标的基金会。拉斯克夫妇不仅捐出自己的资金,而且还吸取了20世纪20年代初期艾伯特在联邦政府工作期间得到的一个教训,通过向国会施加压力,将大量联邦资金用于医疗研究。

拉斯克夫妇尤其侧重于对抗癌症,并且为此展开了不懈努力。他们面临的挑战之一,是在20世纪40年代中期的一个挑战:在当时的上流社会,"癌症"仍是一个禁忌话题。利用他在广告界和广播领域的经验和个人关系,艾伯特设法让在当时大受欢迎的电台节目"菲博·麦克吉和莫利"的主要人物公开谈论癌症。"癌症不是那种你闭上眼睛就会消失的东西,"菲博对他的朋友查理说,"癌症不是一种耻辱;认为它是一种耻辱才是一种耻辱。"

玛丽和艾伯特·拉斯克的例子表明,你的声誉和影响,包括你在商业领域、政府或者慈善机构工作期间建立的职业关系网络可被用作一种慈善资源。洛克菲勒基金会总裁朱迪思·罗丹，以及首创基金会前任副总裁达伦·沃尔克，提供了一个当代范例。

2005年8月，在卡特里娜飓风对新奥尔良滨海地区造成严重破坏几天之内，洛克菲勒基金会领导层宣布提供一笔300万美元资助，将其分配给以社区为基础的慈善组织。然而，比这种快速反应更重要的是在几个月后，当新奥尔良的恢复计划的过程陷入停顿时，他们展示了有效地利用基金会号召力的能力。利用基金会在新奥尔良现有的强大关系网络，罗丹和沃尔克帮助将几个关键人物结合起来，共同创立了一个重要的恢复计划。在这个过程中，洛克菲勒基金会还充分运用了与城市重建有关的大量知识，而这些知识是该基金会多年来通过支持"有活力的城市"行动计划——一个旨在振兴美国城市的慈善合作项目——而获得的。"统一新奥尔良计划"最终在2007年6月获得批准，政府拿出了将近两亿美元的恢复资金——相对于洛克菲勒自己捐赠的不到1000万美元的恢复资金，这显然是一笔庞大的数目，能够做到这一点，在很大程度上得益于基金会恰当地使用了它的声誉和影响。

然而，对于使用你的影响以获得成功这一目标而言，你并不需要具有洛克菲勒基金会那样的规模。个人捐赠者和机构赞助者为受让人提供最有效服务的一种方式，是把他们介绍给其他有可能成为其未来支持者的人。利用你的个人关系为受让人的董事会成员寻找和吸收强有力的候选者，或者同意参与主持一项资本运动，都是可能具有重要价值的慈善方式。最重要的一点是，你应当全面思考你甚至并未意识到你已经拥有的个人资产，以及通过怎样的方式把它们加以利用，以便帮助你获得成功。

我愿意动用哪些资源

只是因为你能够做某件事，并不必然意味着你愿意去出这件事。

例如，你的声誉和关系网能够使你拥有筹集大笔金钱的潜力，但是，你那可能压根儿就不愿意做那种不得不"开口求人"的事情。同样，你可能有很好的机会去接触到能够为通过一项关键性的立法提供帮助的政治家，然而参与幕后政治或许根本就不是你所希望的使用时间的方式。所以，在弄清楚你能够做什么来推动成功的目标的同时，你也同样需要弄清楚你愿意做什么——这不仅仅涉及如何使用你的影响力这一方面，而且也包括怎样利用你的金钱和时间。

这意味着不再过多考虑你的能力，而是要更多地思考你的个人倾向性。在这当中尤其要考虑到你认为有趣的事物：那些使你的一天感到兴奋、使你的一周感到充实的活动。这看上去好像是我们在建议你随心所欲地行事。实际上根本不是这样。如果你承担的慈善责任不能够给你个人带来任何回报，你就不可能坚持下去。而且在慈善事业中（就像在人生的其他许多方面一样），实现结果不仅往往会付出比我们当初预计的更大的代价，而且通常也需要付出更多的时间和努力。

当你思考你愿意做什么才能够达到目标时，这个无法逃避的事实会指向其他两个需要认真对待的考虑因素：你参与的时间范围和你对于风险的忍耐力。

什么是我的时间范围？ 某些结果的实现可能相对较快，而其他结果可能需要十年甚至更长。一个学龄前阅读准备计划可能在一年内就会产生成功的结果，与之相比，要想引入和培育一个在你的城市之外的其他地方发挥作用的计划，可能需要几年时间储备种子资金。例如，当琴、史蒂夫·凯斯和华盛顿地区的其他资助者帮助将"城市年"这一组织的发展计划在首都地区推广时，他们意识到，这个羽翼未丰的组织在创业前几年需要极大的帮助。这些资助者同意用三到五年时间为"城市年"取得进展提供种子资金。

与之形成对照，而且是有效对照的是洛克菲勒基金会对于"绿色革命"的资助。洛克菲勒基金会致力于改善发展中国家的农业生产力的行动，开始于1943年最初支出的旨在监测墨西哥的作物情况的两万美元。在下一年，该基金会配合墨西哥农业部，拿出19.28万美元用于支持"墨西哥农业项目"。到1956年，墨西哥的小麦已经实现了自给自足。洛克菲勒基金会同意资助在整个拉丁美洲开展类似的计划，另外还包括印度——在那里，它和美国国际发展署以及美国农业部一道，创建了5所地区性农业学校。在福特基金会和其他资助者的协助下，一个由洛克菲勒基金会领导的团队开始为南亚地区培育出高产作物。这一努力使1970年的诺贝尔和平奖授予该团队的带头人诺曼·博洛格博士。从20世纪60年代到今天，全世界超过十亿条生命被拯救，要归功于高产农业。

这里的关键是要在两个方面尽可能做到务实：要实现你

想看到的结果可能需要多长时间,还有,你准备用多长时间参与其中。 当涉及"涉足"贫困、环境或者产妇和儿童健康这些领域时,用18个月的时间所能取得的成就可能是极其有限的。 而且,大部分慈善资金的使用时间可能是两年或两年以下。 在多数情况下,为你的所有捐资确定一个标准的(而且实际上必然是任意的)时间范围,并不比为能够带来高回报的目标确定一个标准的金钱数额更有意义。 在这两种情况下,实际做法应当视具体情况而定。

致力于实现结果的捐赠者,需要诚实、冷静和现实地对待这样的问题:如何使他们用于捐赠的时间范围和他们试图取得的结果相一致。 慈善家面对的许多问题需要多年时间,有时甚至是几十年时间才能得到解决。 很少有人能够(哪怕他们愿意这样做)付出如此多的时间。 在实现哪怕是临时性的结果所需要的时间与自行做出承诺的时间范围之间,倘若其间存在显著和较大的出入,你就可能需要停下来,重新审视你对于成功的定义,然后再进一步思考你对于风险和责任的承受能力。

要把风险考虑清楚。 就保持宽泛的自由度使慈善家不受外部责任限制的意义而言,一个最引人注目的论据是,这可以为他们提供检验和承担风险——企业实体和政府机构不能或不愿承担的那些风险——的自由。事实上，慈善已经通过多种方式——从绘制海洋图到绘制基因组图，从搞活社区到搞活艺术——充当了超过一个世纪的社会"风险资本"。

风险往往是实现成功的一个必要成分，尤其是对于大规模的复杂战略而言。但是，尽管你常常听到类似于"我们追求高风险、高回报的慈善事业"这样的说法，你却很少看到，发表这种论调的个人或机构认真地考虑与一个特定行动有关的真正的风险，以及应当怎样进行风险管理——更不要说这些风险可能产生哪些额外的后果。

你愿意承担多少风险和什么种类的风险，是个人或者机构面对的重要的选择。在慈善事业中（就像在金融领域那样），它们可能根据你所从事的全部项目而有所不同。例如，针对每一种真正具有高风险性质的捐赠计划，你或许希望选择其他看上去更有机会获得成功的捐赠计划。譬如，为一个已经证明有能力产生理想结果的项目或者组织提供资金（可能是采取与其他同行进行合作的形式）。或者说，你也许会做出决定，通过向旨在满足社区需求的当地非营利组织每年提供捐赠，来抵消旨在应对类似于卫生保健这种复杂挑

第三章 我应当为什么负责

战、而且通常耗时多年的高额"赌注"。

从另一方面说,如果你的意愿是尽可能减少风险(例如,仅仅在你的捐赠和看得见的成果之间存在明显关联的领域展开工作),你可能会发现,"安全操作"会带来它自身具有的、让人无法预料的风险:也即你的慈善事业的表现将不如预期的风险。

当你回顾你对于风险的忍耐力,以及你认为你的捐赠适用于什么样的风险环境时,有三种不同但却经常重叠的风险需要加以考虑:战略风险、附加风险和个人风险。我们简略地对每一种风险依次进行分析。

战略风险是那种你的一切努力将会化为乌有的风险;这意味着你投入的资源要么不能产生任何结果,要么是结果无论如何也不能让人满意。至少,你会浪费你的金钱(以及你在实际行动中付出的时间和运用的影响)。在最坏的情况下,你的努力会对别人造成不期然的(而且可能是可以避免的)伤害。

战略风险在很大程度上是这三个要素的一个"函数":打算付出努力的规模(你对于成功的定义);以及战略包含的不确定性的程度(这涉及你的创新理念固有的可靠性)。

按照一般情况,战略规模越大,复杂性越大;战略包含的不确定性越大,某个问题(或者更有可能是多个问题)意外出现的风险越大。

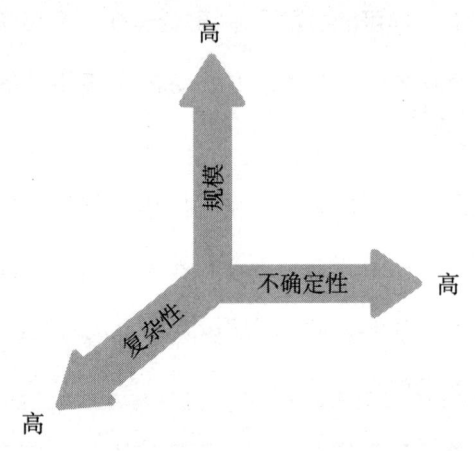

你对战略风险的承受能力如何?

规模:你希望获得的成功的大小和(或者)你打算使用的资源水平。

复杂性:创新理念固有的困难,包括相关要素的数量和范围、行为变化的程度、因果关系和时间范围。

不确定性:对于支撑创新理念的关键假设的信心程度。什么是已经被证实的,什么是没有被证实的。什么是可以知晓的,什么是无法知晓的。

记住,创新理念是一种理论,而且它不是一个被证明的公式。这一基本风险总是存在的,那就是,你的理论可能存在问题；世界可能根本不会按照你所期待的方式运转。这并不意味着需要拒绝包含诸多未知因素的雄心勃勃的目标——例如，迅速减少管理不善的社区的儿童的肥胖率，或者是迅速推动旨在减少核扩散的多边条约的通过。它的确意味着深入思考如何管理实现目标的战略所固有的风险。比如，可以考虑从一两个试验计划开始起步，以及在行动过程中，不断坚持积极学习，这样当问题出现时，就会知道如何迅速地处理它们，而不是一再推迟直至积重难返。

这就是说，你所追求的战略未必一定是超大规模或者是高度复杂以致充满风险性。位于洛杉矶的德菲基金会通过它的"艺术家的创业资源"（ARC）计划，谋求在其职业生涯的关键时刻为个人艺术家提供支持。该基金会在意识到艺术的深度和多样性，以及用于成功的艺术事业的标准途径的缺失以后，通过两种方式减少选择资助受让人的内在不确定性。一种方式是只为在未来六个月内有具体的自我展示机会（比如一次表演或者展览）的艺术家提供资助。另外一种方式是提供"多"到足以为个人带来实质性帮助的资金，同时又要确保资金的数量"少"到在不能取得理想结果的前提下，不会对资源造成过度浪费。正如总裁卡丽·艾弗里所描述的那样,"自从成立以来,风险管理一直是基金会目标的一部分,而且我们在这方面做得得心应手。我们始终都在积极地考虑找到最佳平衡点"。

战略风险通常意味着结果并没有按你的计划获得实现,而附加风险,或者是你为其他人带来的风险,可能在你的计划获得成功时仍然存在。为了例证这一点,请考虑一下前面引用过的"绿色革命"这一范例。多年来,来自于多个阵营的批评对准了这个项目。环保主义者谴责过度使用化肥。社会科学家指出,从新品种的种子和农业农业技术进步当中获得益处的是富裕的农民,而不是贫困的农民。主张控制人口的人担心,增加粮食供应使得那些国家回避了生育控制这个棘手的问题。

在这里,我们的观点并不是要支持那些批评家的看法。[1] 事实上,我们认为,即便是巨大的成功范例,比如绿色革命,也可能会产生具有意料之外或者负面后果的风险。所以,明智的做法是,在开始从事任何慈善事业之前,都要尽

---

[1] 对于其中的许多批评的确有现成的答案;例如,在20世纪50年代使用的、用以在2000年实现丰收的农业技术,将需要额外的27.5亿英亩的土地。

可能地把假设的各种可能性考虑清楚，包括"即便我们获得成功，要是出现无法预想的后果会怎样？"

提出"假设分析"问题也能够帮助捐赠者避免为他们的受让人、其他捐赠者和（或者）他们最关注的事业带来不必要的战略风险。例如，大力支持一种有缺陷的创新理念，可能会破坏一个领域的进展或者不恰当地利用政府的资助。在接下来的两个章节，我们将会更加全面地探究捐赠者针对他们的受让人所做的决定所产生的意想不到的后果。不过，我们不妨先简单地看看许多非营利组织领导者都会觉得太过熟悉的情况。

不管是个人捐赠者还是机构资助者，慈善家常常具有这样的特征：在创建新的项目和机构时充满激情，而接下来，一旦这些行动开始走上正轨并显示出能够取得某种结果时，他们就会失去兴趣。有时其他捐赠者或者合作伙伴能够弥补这种缺陷，但这种情况并不多见，而且在大多数时间里可能并非如此。当这种情形出现时，各种不良后果和选择退出的风险往往是迅速和直接的，特别是对那些正在从这些项目中获益，而且几乎不能承担失去它们的代价的个人和事业而言。

这里涉及的教训并不是说，只要你对一个组织做出了承诺，你就必须永远为它提供支持。必须考虑到你的慈善事业对于受让人的影响，尽可能避免造成意想不到的、但只要预先考虑就可能防止的后果（例如，在上面的例子中，你需要做的，就是像对待你进入某种合作过程一样，把你的退出的可能性也考虑清楚）。

与浪费你的资源的战略风险不同，附带风险完全由其他人承担，因此可能很容易被低估。你的慈善事业可能会"成功"，但如果这种成功是在给其他人造成重大代价的基础上取得的，那么你给社会带来的净价值实际上可能就是负值。要避免所有的风险是不可能的；把别人将要承担的风险和你自己愿意承担的风险看得同等重要，却并非不可能。

风险的最后一种形式个人风险，是导致失望或者使人难堪的风险：这种风险意味着归根到底，你的慈善事业未能给你带来真正的满足感，或者是出现更糟糕的情况：它会损害你的声誉。因为失败总是令人失望的（而且，一项失败的事业可能会给任何与它密切相关的人的心头蒙上一层阴影），在战略风险和个人风险之间有明显的重叠，不过个人风险也包含个人化的因素，这其中最常见的因素，就是没有能力完全弄清楚你自己的动机、愿望和需求这一缺陷的存在。

　　管理个人风险的最佳途径，是直面那些其他任何人都不会向你提问的难题，并且在回答它们时对自己要百分之百地诚实。你需要向自己提出的问题可能包括："如果我知道，我永远不能凭借自己协助获得的成功而得到公众认可，我还愿意参与到这项事业当中吗？"或者是"为了获得成功，我在多大程度上愿意承担可能危及我的部分声誉的风险？"或者是"我真的非常在乎这一事业，以便从它的成功当中获得满足感吗，哪怕这需要我付出比我预计的多得多的时间和金钱？"

　　坦率地回答类似上述问题，不仅会帮助你避免个人的失望感，而且会提供你做出决定所需要的关键信息，这样一来，你就可以更加从容地思考你希望实现的结果，以及你能够和愿意投入的资源是否真的符合客观实际。如果你给出的诚实的答案是否定性的，你现在就应当回顾你对于成功的定义和你的创新理念——而不是匆忙介入，以至于有一天你终于追悔莫及地发现，你已经成了过分盲目自信的牺牲品。

　　慈善家基本上是那种充满自信的人，而且他们也应当如此。他们相信自己具备必要的能力，相信自己的洞察力和判断力，他们习惯于思考关键问题而且目标远大。然而，他们往往害怕面对最艰巨的社会问题，或者是害怕为这些问题寻找新方法。毫无疑问，他们的自信可能是一笔巨大的财富和能够产生影响的强大引擎，尤其是考虑到他们通常具有进行试验和承担其他机构不能承担的风险的自由。

但是，仅仅有自信是不够的。即便将自信同进行社会改革的积极性和客观对待成功的必备因素的倾向性结合起来，它也同样有可能导致一个慈善家的失败。作为一个警醒式的故事，不妨看看一个著名的国内基金会——它想启动一个新的项目，以便解决美国最落后城市的贫穷儿童的问题——的情况。

根据每年大约 500 万美元到 1000 万美元的资金使用额度，这个基金会的领导者知道，他们缺乏足够的金钱为类似于纽约或者洛杉矶这样的大城市中心带来有意义的改变。所以，他们采取了他们认为恰当的步骤：将关注点瞄准中型城市。在这些地方，他们的资金能够为 5 万到 10 万个孩子带来创新性的影响。

不幸的是，该基金会的领导尚未确认是否可行，就"爱"上了他们的战略。他们无比兴奋，并且很快在其中一所城市举行了重要会议。他们在会议上描绘的未来图景，对于地方投资者、社区领导者和潜在的非营利组织受让人产生了很大影响，让每个人的期望值都达到了顶峰。

然而，与此同时，一个城市"反贫穷行动"的分析家十分详细地列举出让特定地区的儿童的生活发生有意义的变化所需要的实际条件：对于社区的深刻了解（基金会并未做到这一点）；地方企业，以及州和城市社会机构对于同社区没有长期关系的外来资助者具有较高的接受度；致力于长期投资；愿意放弃过于简单化的度量标准，而是选择更为复杂的社区卫生和健康指标。

不幸的是，这个资助机构没有满足其中任何一项要求。事实上，它也没有足够的金钱：他们准备花费的金钱（500万美元到1000万美元）尚不足以临时性地为城市的孩子提供充足食物，更不用说处理他们面临的由贫困导致的其他问题了。

卓越的标准是自我强加的

在能够识别出慈善家的所有特征当中，最重要的特征可能是这一事实：他们实质上不为其他任何人负责，而是只为他们自己负责。

或早或晚，商人、政治家和非营利组织领导者都必须就他们的表现向其他人负责：商界首席执行官向他们的利益攸关者负责；政治家向全体选民负责；非营利组织领导者向他们的投资者负责。慈善家没有他们需要与之较量的任何类似的"市场"要素。正好相反！他们生活的世界介于厄瓜多尔的加拉帕哥斯群岛和神秘的乌比冈湖小镇（美国作家盖瑞森·凯勒在小说《牧场之家好做伴》里虚构的一个小镇，——译者注）之间：那是一个使人无比幸福的没有任何天敌的领域，而且所有的孩子都比其他地方的孩子拥有更优秀的成长条件。

如果你怀疑这一点，你只需要考虑慈善界和商业界——有无数大慈善家（包括过去和现在）都来自这一领域——的几个最明显的差别。

商业界的首席执行官需要就各种长期和短期结果向他们的利益攸关者负责：财务业绩（比如收入增长、投资回报和每股平均收益）；战略结果（例如客户忠诚度和市场份额）；以及经营成果（比如成本利润率和员工流失率）。那些有"捞钱"能力的人会得到奖赏；那些总是不合格的人会被他人取代。没有人可以长期隐藏有关个人业绩的事实。

他们也不能逃避来自市场的反馈。假如客户不满意，那些客户就会离开你。如果有才能的员工不满意，他们就会撤离。如果竞争对手推出有创意的产品和服务，他们就会抓住市场份额。销售数据是及时的、精确的和无可辩驳的。

盈利和亏本对于公司和它的首席执行官有直接的影响。无论个人是否愿意学习和进步，市场那只看不见的手都会推动整个行业持续进步。

在慈善事业中，不存在任何这些动态。除了几个例外情形之外（比如社区基金会，它每年必须从捐赠者那里筹钱，而且必须同私人财富管理者为争取这些捐赠者展开竞争），慈善家没有那些强制性地逼迫他们面对任何严峻事实的客户、竞争者和市场。唯一强加给基金会的外部需求，就是保持一种"合理"的成本结构，并且每年要拿出至少5%的资产用于慈善活动（包括一些行政费用）。选择通过捐赠者指导型资金或者仅仅通过他们自己的支票簿运作的个人慈善家，都不会受到哪怕是最小规模的限制带来的约束。

反馈也是不充分的，而且往往是可疑的。当你从事捐赠金钱的事业时，人们经常会告诉你他们认为你希望听到的话。一个被使人宽心的言辞所包围的聪明、自信、有成就的人，可能很容易成为自欺欺人的牺牲品，而且相信他（她）的慈善事业正在产生比实际情况大得多的影响。

有鉴于此，一个不可避免的结论就是：如果你真正致力于使用有限的慈善资源产生尽可能多的影响，你就必须向自己提出卓越的要求。这意味着你愿意参与确立高标准的过程，愿意为达到这一标准负责，也愿意从事由此所导致的艰苦的工作。

在没有任何人提出要求的前提下，年复一年地追求优异的结果，不是一种自然的行为。这需要非凡的决心和自律性。这种行为就像是在不需要提供成绩的情况下争取全优，或者相当于说，你天天都在拼命地锻炼身体，只是因为这样做是正确的。而且，在缺少强大反馈数据的情况下，这一过程会变得尤其困难。想象一下，你竭尽全力地使每门课程都得到了"优"，然后拿到了一份成绩单，上面写着："成绩单本身缺少说服力，因为相关信息不充分。"

在结果可能极其难以衡量的慈善事业中，可能需要花上几年甚至几十年才能产生实际影响，而且你的特殊贡献产生的直接结果可能是无法确定的。这种情况很容易削弱你的动力。

自我强加的责任也是"非自然"的，这是指假如你设定了一个高标准，你可能没有能力或自觉性去满足它，而且这必然会使人感到尴尬，尤其是在一个人人都会规避谈论失败的世界上。所以，设想一下，没有人要求你建立一个高标准，而你却需要为满足这一标准而承担责任，而且考虑到这样做本身就很艰难（还会有使人感到尴尬的风险），那么，你为什么还要这样去做呢？

一言以蔽之，答案就是"影响"——以及你为了社会变得更好而致力于做出改变的承诺。如同其他许多人类活动一样，在慈善事业中，卓越的标准不会自然而然地出现。它需要决心、毅力，以及对于高性能的态度严谨的追求。这相应地需要你在各方面——包括你自己，你向其提供资源的组织和个人，以及你创造结果的能力在很大程度上依靠其实际表现的个人——展开出色的工作。这是我们接下来将要探讨的话题。

第四章

怎样才能把工作做好

你已经清楚了什么是你希望看到的成功，以及什么是你想为之负起责任的结果。现在，核心问题变成了"怎样才能把工作做好"。

这个问题标志了一个转折点，它既是从梦想到理想这一旅途的转折点，也是我们叙述的关键部分——从计划到行动——的转折点，这就是执行。执行意味着战略将要变成现实，意味着你的最佳思考过程将要得到检验。它意味着为战略提供信息，以及在一段时间后，导致更理想的结果的学习过程将会出现——或者不会出现。

如果没有被加以有效实行，即便是第一流的战略也会变得毫无用处。无论这里所说的战略是被用来创建一项新的事业，组建一支世界一流的体育团队，还是帮助无家可归的年轻人告别流浪生活，这一结论都是适用的。崇高的理想和有吸引力的创新理念，具有抓住我们的想象力、赋予我们灵感以及促使我们做出最初的承诺的力量。但是归根到底，取得实际结果都需要我们做到训练有素，准备充分，同时也需要我们具备不断学习和自我改进的能力。

在本章，我们将会侧重于有效的执行所需要的组织能力。迄今为止，已经有大量图书和文章探讨过有关组织的效力问题（仅仅是亚马逊网站就列出了超过3000种相关书籍），而且基本要点都是简单明了的：恰当的人、恰当的过程和恰当的成本。为了实现和维持出色的结果，你需要在恰当的岗位上使用恰当的人，需要确立能够使这些人协同工作，以便做出明智的决定的过程，并且通过一种具有可持续性的财务资源模型为他们提供恰当的资源。

要实现这一点，可谓说来容易做起来难。但是作为一个慈善家，你总要面临特殊的挑战，因为你实现结果的能力将在很大程度上取决于你选择支持的非营利组织和非政府组织的实际表现。所以，除了要考虑为实施你自己的慈善行动所需的能力以外，你还必须考虑受让人——他们将要承担起开展工作和实现结果这一责任——的能力。我们将会简略地看一下对捐赠者及其受让人而言，有效的执行所带来的挑战。不过，首先，我们将会在波士顿寻找灵感——在那里，通过有效的执行过程，正在把一种创造性的战略转化成真正的收益。

约翰·西蒙：采纳并灵活使用新观念

GCP投资公司的总裁约翰·西蒙，很早就对向美国有需要的社区提供财力支持和直接服务感兴趣。作为哈佛大学本科生，他曾做过马萨诸塞州残奥会的自愿者。后来，他作为罗氏奖学金的研究生去了牛津大学，并且发现，在英国没有与特殊残奥会对等的项目，于是就协助建立了一个主要是指导有残疾的孩子打网球、被称为KEEN（"孩子们现在喜欢运动"）的活动项目。KEEN很快发展起来，扩展到英国其他两个城市，最终扩展到美国的八个城市。据西蒙回忆，这项工作本身能够给他带来巨大的成就感，不过，他尤其对一种强大的慈善理念能够自我"复制"这一概念充满激情。

当西蒙在1988年返回波士顿时，他从事了私人股权投资业务，但是内心始终存在着为社会服务的强烈愿望。所以，西蒙和他的室友、他在牛津大学的一个名叫迈克尔·P.丹齐格（当时即将从哈佛大学教育研究所毕业）的朋友，开始寻找另一个可以采纳甚至对其进行"改造"的好点子。最终，他们找到了这个以纽约市为基地、被称为"为了下一代"的项目，该项目旨在为小学高年级和初中一年级的孩子的学习提供辅导，帮助他们进入这个城市的精英私立学校。1990年，在"为了下一代"的创建者加里·西蒙斯的鼓励下，西蒙和丹齐格在波士顿创建了斯泰平斯通基金会，它如实地复制了纽约市那个获得成功的项目的诸多要素。这个新的项目很快取得了积极的效果，西蒙和丹齐格也开始寻找将这一理念推广到其他城市的途径。他们于1998年在费城创建了第一个分支机构。

当然，让斯泰平斯通基金会的项目在一个新的城市获得立竿见影的效果并不那样简单。他们在费城的项目用了五年时间，才能够与波士顿的项目取得的成就相提并论，而且到了那时，在较大规模的操作过程中，个别问题开始显现。"我们开始注意到，我们正在过度使用我们的供应资源，"西蒙回忆说，"在追求利润的领域，如果你的事业模式足够完美，你就能够获得发展并且变得更加强大。在不追求利润的领域，你会变得越来越脆弱，因为你筹集资金的基地是在当地。所以，显而易见的是，让这个出色的模式推广到其他城市并不容易。"

应该怎么办呢？ 从斯泰平斯通基金会以往的经验中，西蒙意识到，任何想要输入一种理念的城市都需要很多支持。高标准的执行过程需要的不只是一个好的模型，而且还需要其他很多条件：恰当的人，不管是作为首席执行官还是董事会成员；恰当的过程，包括评估当地的需求，对资助模式进行调整以满足这些需求，以及建立当地支持者联盟；恰当的财政模式，包括提供充足的资金，以便为项目在艰难的起步阶段的最初几年提供支持。

"一种系统性的'概念引入组织'的想法开始在我的脑海里逐步成型。"西蒙回忆说。 负责"引入"概念的组织将协助承担起大量执行的任务，其主要方式是筹集资金，与当地领导者沟通，了解和提供当地情况，由此就能够更多更好地复制那些被证明行之有效的项目。"如果一个城市能够具备这些条件，"他做出这样的假定，"它就能够在几年后发生重大改变。 那么接下来，要是这个组织在许多城市进行自我复制会怎么样呢？ 很简单，这就能够使得非营利组织传播理念的整个方式发生彻底改变。"

到 2003 年，西蒙做好了建立"绿色通道基金"这一组织的准备，并且将其引入新的城市而使他们的理念的影响进一步扩大。当然，在创建"绿色通道基金"的过程中，西蒙面对着执行带来的严峻挑战。在寻找能够领导这个组织的恰当人选时，他很快选中了玛格丽特·赫尔。借助于在非营利组织能力建设和慈善事业方面的丰富经验，她将宝贵的社会部门的专长应用到新的事业中。

作为共同创建者，赫尔和西蒙逐步确立了恰当的过程，并且从严格的审查过程开始：许多地方专家都能够帮助他们精确地衡量城市的需求，并且评估其他地方可能满足需求的项目，毕竟，他们的目标就是要将"绿色通道基金"扩大到其他城市。甚至就连首先在波士顿起步这一决定也是有意而为的。波士顿具有作为一个"实验性"城市的声誉，所以，"如果你能够在这里获得成功，"西蒙解释说，"你就有可能在整个美国乃至在全世界数百个城市获得成功。"

他们也深入和富有创造性地思考了这个"方程式"的成本要素。他们在获得和巩固本地支持的过程中，除了需要来自赫尔这样的当地顾问的重要指导以外，他们将要引入一个城市的这个新成立的非营利组织，可能还需要至少为期四五年的财政援助。这意味着"绿色通道基金"必须建立一个强大的资助者队伍，他们将接受一个不太可能的命题：为"绿色通道基金"的下一个"绝妙的理念"下赌注。"我们的模式需要捐赠者签约支持绿色通道基金在当年的其他项目,尽管他们甚至可能不知道,那将会是一个什么项目。"西蒙说。 在捐赠者当中,有许多人当时都在积极参与私有股权或者高科技事业,他们都很信任"绿色通道基金"的领导者、严格而尽职的审查以及有关成果的业绩记录。 通过把恰当的人和恰当的过程结合在一起,"绿色通道基金"始终都能够为恰当的成本提供必需的资金。

截至我们写到这里时,"绿色通道基金"在它最初的六年时间里,已经把 5 个项目带到了波士顿,每个项目都旨在满足当地社区的一个特定的需求。 例如,"儿童之友"的目标,是通过成人看护者向处于高风险的年轻人提供稳定的帮助和指导。"读者之家"通过帮助家庭建立有趣的亲子阅读日程,积极提倡培养早期读写能力和建立阅读准备。

到目前为止,"绿色通道基金"正在实现它预期的结果。 这个新的非营利组织已经成功地复制甚至超越了他们的创始机构的项目取得的成果。 同样重要的是,那些分支组织正在脱离"绿色通道基金"的财政支持,显示出不断增强的独立发展的力量。 西蒙预计,下一个阶段将是"绿色通道基金"

规模更大的自我复制。目前，通过寻求资金支持，他和赫尔已经按照这一方向采取了初步行动。他们还提出了一句口号："请随时参与我们的理念。"

"如果在哪个地方——例如说丹佛市——出现了一个类似于约翰和玛格丽特那样的人，"西蒙做出这样的结论，"并且找到我们说，'我们想要了解有关绿色通道基金的一切情况并且对它进行复制'，我们会非常感兴趣。"

我需要的那种恰当的能力是什么

"恰当"的能力是你正在追求的战略的一个函数，也是你让自己为之承担责任的一个结果。当你考虑需要什么条件才能把任务完成时，你可能会发现，通过定义你本人希望在你的慈善事业中发挥的作用，你至少已经回答了几个相关的问题。你愿意付出的时间和资源，你希望的个人参与的程度，都会影响到你能够在多大程度上承担起执行过程涉及的责任。在某些情况下，你可能不需要额外的能力；譬如，当你把金钱提供给你所熟知的，并且在其董事会中自愿承担义务或者亲自担任职务的一个组织时。

需要强调的一点是,没有任何法律有这样的规定:哪怕你正在经常性地捐出大笔金钱,你也只有通过建立一个基金会,才能够成为一个慈善家。我们所知道的环境事业的一个重要资助者,在很长的时期内始终没有正式的组织,直到最近才雇用了一个助手,帮助他开展早期调查,以及和未来捐款计划有关的试验性工作。还有许多像他那样的慈善家,他们都选择通过社区基金会的捐赠者指导资金、慈善顾问,以及通过同时管理他们的投资和慈善捐款的"家庭办公室"这样的组织,以完全独立的方式安排他们的捐赠活动。

然而,哪怕让其他任何一个人参与到你的决策过程(比如领取报酬的员工或者董事会的志愿者成员),你就已经采取了创建组织的第一个步骤。这意味着或早或晚,你都必须考虑你是否拥有一个有效率的组织的基本要素。而且,因为有如此多的慈善工作最终都归结到有关资源使用——你的时间、技能、精力以及金钱——的人为决策,你就必须真正弄清楚什么是关键决策,谁有权做出决策,以及在这一过程中,你打算把自己放到什么位置。

当采用理性、冷静的管理语言叙述时——就像我们在上面所做的那样——所有这一切听上去，都会显得简单易懂。但事实上，慈善事业很少是理性和冷静的（而且在一个家庭背景下，几乎从来都不是如此）。所以，当你思考这些问题时，你非常有必要预见到最常见的陷阱，当它们出现时，你要给予密切关注并敢于直接面对它们。

谁是"第一人选"

正如《从优秀到卓越》一书的作者吉姆·柯林斯和其他人所指出的那样，有效的组织的第一定律，是在恰当的时间让恰当的人从事恰当的工作。在慈善事业中，找到"恰当"的人经常是富有挑战性的，其中需要的技能覆盖多个领域，而且，有成熟的相关经验和有效的业绩记录的潜在候选者数量相对较少。与商业的情况不同，雇用一个可靠的基金会首席执行官，吸收一个有造诣的高级项目官员，或者是从内部提拔一个有前途的人的机会同样相对较少。成立不久而且规模较小的基金会，尤其可能存在这种情况。

至于必备的技能这一方面，不妨考虑一下合理地评估管

理家族基金会的候选人可能需要的标准:

- 与捐赠者（也许包括捐赠者的家庭）打交道的个人素质
- 以往参与公益活动的经验
- 在基金会所针对的领域或者项目范围内的经验
- 一般管理能力
- 管理非营利组织的经验（这将关系到如何与未来的受让人打交道）
- 包括诚信、智慧、声誉和精力在内的个人属性

清单越长，候选人（除了神仙或者超人之外）就越无可能满足上述要求。事实上，在多年从事慈善事业的过程中，我们还没有遇到过任何"完美"的候选人——在以上所有这些方面，都能够给出高分的男人或者女人。所以，从现实的角度来说，根据你的特定情况，你最应当考虑的问题是：在以上所有这些标准当中，哪些是最为重要的，以及你愿意在哪些方面做出妥协？

许多捐赠者都得出了这样的结论：有关候选人的性格和

能力的"第一手材料"（它通常是通过原有的私人关系而建立起来的，并且被描述为"个人素质"）是首要标准。例如，皮埃尔·奥米戴尔最终雇用了他以前在易趣的同事麦特·巴尼克来负责奥米戴尔投资集团。赫伯和马里恩·桑德勒选定了与他们长期合作的资深律师来管理他们的基金会。

其他人会把行业知识和专门技能放在优先地位。约翰·西蒙重视玛格丽特·赫尔对于社会部门的深层知识，以及在"绿色通道基金"创业阶段所需要的管理技能和领袖魅力。当盖茨基金会寻求推进它的教育战略时，它选择了维基·菲利普斯来负责这一项目，后者当时是波特兰市公立学校的管理者，而且具有成功地参与（州和地区的）学校改革的长期业绩记录。

当你非常清楚需要做的实际工作，以及——这一点尤其需要强调——你本人（也许是你的家族成员）将要扮演的角色时，你就能够就恰当的人选做出最佳取舍。一家猎头公司在一个钟头内就能够起草出一份职业描述，但是，除非你对你自己的要求和具体条件绝对诚实，不然它就会变得毫无作用。如果你期待积极参与所有最重要的决定，那么你实际上可能需要一个首席运营官而不是一个首席执行官。没错，使用更高的头衔，可能使你有更好的机会吸引到顶尖的应聘者。可是这样一来，你可能会使自己面临发生冲突的风险，这反过来会导致降低你的慈善事业潜在影响的风险（以及产生不必要的令人头疼的情况）。

不恰当的雇佣行为可能会导致不良结果，如果你对此感到怀疑，那你不妨看看下面这个警示性的故事。

你的首次招聘

你的首次招聘，代表着你的慈善活动的一个新阶段，它将使你的事业进入一个新的发展轨道。简而言之，它将是你做出的最关键的人员配备决定。哪些因素可以帮助你把这件事情做好呢？

首先，信任是最重要的标准。所有的慈善事业都是个人化的，不仅仅对于你和你的家庭如此，对于你的员工也同样如此。一个律师或者一个富有的经理人不需要拥有与你同样的激情，就能够就你的法律或者投资方面的决策给出有益的忠告，但是，对于将要帮助你捐赠金钱的人而言却并非如此。无论你是否把最新雇用的人员看成是一个战略思想的合作伙伴，并期待他（她）在事业执行方面发挥更重要的作用，那个人的价值观和信念都应当与你非常一致。不然的话，你的事业就可能面临一团混乱、而且效率必然十分低下的风险。

在捐赠者和雇员之间的关系这一背景下，信任是一种共同价值观、互相尊重和私人感情的复杂的组合。这并不意味着你应当雇用一个朋友，因为这种情况可能导致自身的后遗症。这其实意味着应当雇用一个你尊重其专业能力的人，一个你认为未来将会帮助你做出更好决策的人。

其次，你需要深入思考这样的问题：你究竟需要一个合作者还是一个强有力的助手，你需要一个通才还是一个专才。例如，如果你知道你对于支持有前途的艺术家充满激情，你就可能选择本身就是艺术家的人，或者是在博物馆或者美术馆有过工作经历（甚至担任过管理者）的人。这样一个专家的全部技能和经验，能够在很大程度上为你的决策提供充分的信息。与一个专家合作的风险在于，由于他（她）也具有自己的观点（这其实也是你雇用此人的一个原因），他（她）可能会力劝你做出与你自己的观点并不完全一致的决定。

从相反的角度说，如果你尚未完全确定你自己的优先选择，仍在对你准备给予支持的不同的慈善事业类型进行试验，你就可能会选择一个通才作为你首先雇用的对象。一个通才不大可能与一个特定的项目有利害关系，而且在你不断斟酌和试验项目优先次序的过程中，他（她）更有可能毫无保留地为你提供有益的建议。不过，作为对于他（她）的工作的一项补充，你可能需要与专才签订合作协议，确保后者在不影响你做出个人决策的前提下，就如何在特定的领域创造成果提供专业见解。

最后，考虑一下这个问题：对于那个需要扮演好个人角色的首个被雇用者，你希望雇用他（她）多长时间。无论这个职位采取的是何种形式，它都不可能永远存在。所以，明智的做法是从一开始就要明确这一点：随着你的慈善事业的逐步发展，你使用的员工也会发生变化。

"不恰当"的人选

一个基金会在创建时的资产有数千亿美元。在卖掉自己的公司以后，捐助者决定把他充沛的精力、广泛的个人关系网，快速成长的财政资源用于治疗一种困扰了他们家族几代人的疾病。由于处于高龄，他自知留给自己的时间是有限的。他需要快速行动，扩大他的组织的规模，让他捐赠的金钱产生有益的影响。他的女儿同意在业余时间参与这个新成立的基金会，希望逐渐承担起她作为家族成员的一份责任。但是，这个慈善家实际上需要（或者说他是这样认为的）一个顶尖的首席执行官——一个充满智慧、具有进取精神和较高声望的人，来帮助他推动基金会事业的迅速成长。

在经过十多次电话沟通以后，这个慈善家认为他找到了恰当的人选。我们可以把这个人叫做"瓦尔特·康纳斯"。瓦尔特是一个医师，一个出色的研究者，也是一个前任医院院长——他的简历似乎能够满足一切要求。在过去的几年里，这个慈善家和康纳斯接触过几次，对于他的情况很满意。 在一次长时间的晚餐交流以后，慈善家以丰厚的报酬邀请康纳斯的加盟，后者也由此进入家族慈善事业这一领域。

不到一年，基金会就有了一个设备完善的办公室，以及除康纳斯以外由八个真正出色的年轻人所组成的一个工作团队。 资金开始流动，新闻稿开始发布，作为各项会议的主要发言人，康纳斯应接不暇。 从表面开来，这是一个完美的开端。

事实上，这是一个绝对混乱的局面。 让捐赠者感到沮丧和恼火的是，康纳斯一直在单方面做出决定，不断强化他的高姿态，表现得好像是在捐出他自己的金钱。 尽管他看上去似乎是一个出色的首席执行官，但事实证明，他是一个糟糕的经理人，总是做出平庸的决定和过于随意的承诺。 他和他的"老板"之间的个人交流已经中断。 他们曾经频繁而且对彼此都有促进作用的谈话，现在不仅变得为数寥寥，而且使人感到别扭。 慈善家一想到要接触这个有威望的首席执行官，就会感到很不自在。 而对于康纳斯个人来说——他完全沉浸在他那似乎令人兴奋的开拓性事业中——他忽视了正在酝酿中的风暴。

与此同时，捐助人的女儿已经全职参与到基金会当中，承担的是"项目负责人"这一复杂的角色。她同时向她的父亲和那位首席执行官报告,因此总是感到愤愤不平。很快,其他雇员开始公开讨论他们所置身的这种混乱局面,他们当中的佼佼者都在积极寻找工作。内部骚乱对于当前和潜在的受让人产生了可以预计的影响,他们几乎难以和基金会进行富有成效的沟通。电话无人接听,捐赠申请报告必须反复重写,各种初步协议总是遭到破坏。

一年以后,这位慈善家进行了大幅度调整。他突然解雇了康纳斯并让他的女儿负责全部业务。对于所有相关方来说,这都是一段使人感到屈辱的插曲,尤其是对于那位善意的捐助人而言。他本以为自己可以看到一个辉煌事业的顶点,却没想到最终的结局是一场溃败。整个过程浪费了他宝贵的时间和金钱,破坏了他的个人声誉,以及基金会的声誉和效力。

考虑到有那么多的当代慈善家都是善于发现人才的商界领导者,因此,他们经常雇用"不称职者"担任基金会关键性的领导角色这一事实,不能不使人感到吃惊。我们选择的是我们自认为了解的人,而不是我们真正需要的人。追求具有显赫履历的名流(正如上面所发生的情况)是一个极为常见的陷阱。 另一个陷阱是雇佣自己以前的一个朋友（也许是一个忠诚的执行人员或者一个生意合伙人），尽管被雇用者在某些方面可能很有才华，但却不能够真正满足一个完全不同的活动的要求。 把配偶或者子女放到家族基金会的关键位置上，也可能会导致其他复杂的问题，哪怕这些家族成员很有能力，而且希望在这些职位上有所为。

哪个更重要：是战略还是人才

在理想的情况下，在你需要做出任何重要决定之前，你的战略将会得到充分开发，你的未来角色将会十分清晰。 然而，生活很少是那样井然有序的。 例如，你的战略可能是以你的创新理念当中许多尚未回答的问题作为前提的。 你可能并不确切地知道，你的角色将会怎样发展，或者说，你和你的伴侣最终在这项工作中要花多少时间（当然，随着你的实际情况发生变化，你现在做出的任何决定都可能随着时间而发生改变）。 也许至少有几个人已经各就其位，特别是在你的慈善事业是以基金会为基础的情况下。

那么，什么因素是第一位的，是战略还是人才？很遗憾，这当中没有单一的"处方单"，只能通过实践小心谨慎地向前推进。一个在最近成立的基金会，雇用了它的第一个总裁并任期三年，帮助其设计战略和推动组织的初步发展。一旦这项工作完成，他将被另一个长期管理者所取代——后者在这个捐赠者和这个临时总裁的心目中，将是符合基金会长期战略的恰当人选。

在传统机构当中，尤其是在那些冒险进入一个新领域的机构当中，有关战略和人才哪个更重要的问题也会突然出现。这方面有一个典型的例子。由于对年轻人愈演愈烈的滥用毒品的情况感到震惊，一个实力雄厚的基金会拿出大笔预算资金，聘请了一个在这个问题上有过几十年工作经验的新的高级项目官员。这个新上任者对于自己需要从哪里开展这个项目胸有成竹，而且相信她有足够的权威来确定项目的发展方向，这并不使人感到惊奇。不过，在几个月时间里，有一种情况变得越来越明显，那就是捐助人的脑海里具有一种全然不同的（而且看上去同样是合理的）发展计划。接下来，他们之间进行了几个钟头的讨论和争辩，没有取得任何有效的结果。于是在经过两年的合作以后，这个项目官员被要求离职，因为她从未领悟一个基本事实：两种战略——她的战略和基金会的战略本身是冲突的。

这个令人遗憾的案例之所以不同寻常，不是因为雇用的错误，而是因为冲突被迅速地加以"解决"了。在慈善事业中，尤其是在基金会背景下，更常见的结果是以取得共识的名义勉强达成一种"妥协"，也就是允许管理者在一定程度上追求他（她）所期待的方向。这种"解决方案"的问题在于，它会削弱战略的有效性（当然也会削弱可以利用的资源），因此也将削弱基金会创造成果的潜力。

用两年的时间解决问题堪称迅速——也许你对于这一结论感到惊奇。在慈善事业中，就像在常规的非营利组织部门一样，更换人员往往是极为困难的。两年时间实际上是可以用"神速"形容的。

这个问题涉及多个因素，包括缺少清晰的性能指标，性能检验程序不一致，过分强调"人人都有责任"这一文化规范，更换人员导致内在混乱，以及很难雇用到真正有才能的人。然而，如果那个人从一开始就是一个不恰当的被雇用者，或者说，假如完成任务所需要的条件已在很大程度上发生了改变，常规的做法就不会解决任何问题。

如同在其他各行各业一样，在慈善事业中，你需要牢记，"恰当的时间"与"恰当的人"和"恰当的工作"三者必不可少，而且前者有时会受到后面两个要素的制约，因为工作和人都是动态的。一个非常适合基金会初创阶段的工作的领导者，可能未必适合作为基金会的一个长期管理者，尤其是当基金会变成一个规模较大而且全面制度化的机构时。如果对基金会内部新的战略方向进行回应而使得决策方式发生改变，那么，一个习惯于在专业领域做出关键决策的高级项目官员，对于这种改变就不大可能感到满意。

规模较小的基金会（占所有基金会的大多数）有它们自己需要应对的挑战。因为职业生涯的路径往往是有限的，个人可能很容易在同样的岗位上逗留太长时间，这既会伤害他们自身，也会伤害他们所在的组织。尽管"糟糕的人事变动"（例如，一位优秀的项目官员因为感到心力交瘁而离开基金会）显然并不可取，但恰当的人事变动却是必需的，这既可以使组织恢复活力，也能够帮助人们恢复自身的活力。

你的董事会懂得"慈善的艺术"吗

如果你是一个家族基金会的捐赠者、基金会董事会的托管人，或者是需要经常和董事会打交道的基金会首席执行官，你就会非常清楚地知道，董事会的表现能够在很大程度上增加——或者大大削弱——你交付结果的能力。基金会董事会通常负责从战略方向和资源配置到员工招聘和资助审批的各项工作。如果不能明智地做出决策，你就不可能实现你所希望的成功。

可是，从董事会层面制定出的有效决策可能凤毛麟角，尤其是在家族基金会当中。当这些机构正常运作时，它们能够充分证明家族的长期价值。但是，捐赠者、配偶和成年子女的（也许包括他们自身的配偶）的组合所构成的一个团队，通常更适合假日聚会而不是严肃的决策过程。增加几个独立托管人固然有助于增加平衡性和补充专业化意见，可是，当家族的价值观（在几十年内可能会不断发生变化）、个人偏好和激情，以及家族成员的观点（通常是尖锐的）渗入到每一次董事会会议当中时，你所拥有的就将是一个相当不稳定的团队。

而且，和私人持有的家族企业不同，慈善董事会没有任何性能指标或者谋利动机以缓和这种局面，并帮助他们的成员为共同的目标团结在一起。如果有什么驱动力的话，那么我们只能说，慈善事业深刻的私人化本质，恰恰能够把这种动态推向相反的方向。而且，在年代悠久的基金会（其董事会必然具有长期的自我维系和自我更新的能力）当中，这种喧嚣往往会被加剧。怎样选定新的董事会成员？谁将担任董事长？托管人有一定的任期还是终身任职？家族成员和独立托管人最恰当的比例构成是什么？另外，当涉及制定决策时，所有的托管人都是平等的吗？

鉴于这些紧张因素，基金会董事会经常缺少清晰的目标就并不奇怪了。董事会的主要目标是提供合法性监督并服从正常的管理实践吗？其真正目标（即便没有明确说明）是采取用于合作、学习和公共服务的讨论会形式，为那个家族提供服务吗？或者说，董事会能够通过促进公益成果的方式而承担起为社会创造价值的责任吗？

这些彼此抵触的目标具有相当不同的内在含义，而且，要在所有这三个方面实现卓越这一标准可能极为复杂。例如，你不可能永远让每一个家族成员感到满意，而且与此同时，你还不得不为了实践一种有效的战略做出艰难的权衡。同样，基本管理实践（比如财务和战略方面的性能监督以及董事会提名过程）所必需的时间承诺、董事会结构和一般议程，可能会严重限制用于为战略增值的高效率思维的时间。

我们相信，良好的管理是必要条件但不是充分条件；一个基金会存在的目的是服务于社会，而不是服务于其自身及其托管人。因此，基金会董事会的设计和管理模式，必然要根据可以利用的资源尽可能产生最佳结果。这就是为什么对于董事会成员而言，"恰当的人，恰当的工作，恰当的时间"这一原则合理而且重要的原因，尽管贯彻这一原则的限制因素总是比想象的更多（例如，选择家族的子女当中的一个而不是另一个作为托管人，通常都不是一件易事）。

即便是有了"恰当"的托管人，你也需要一个能够产生客观、周全的结论的决策过程。而且，当你面对某些很自然的倾向性——允许家庭利益或者个人利益凌驾于战略目标之上；无意间允许个别观点取代事实；还有，过分注重达成一致意见（以及家庭和谐），以避开确立和执行有效的战略所必需的艰难选择——的时候,你需要留心如何保持整个操作流程的完整性。

雇用专业人员——无论其数量是一个人还是一百个人——的基金会,经常会遇到董事会及其他成员的介入而导致的重要问题。这些问题各种各样,从制定决策而产生的混乱和冲突,到与基金会首席执行官之间没有效益的工作关系,到个人托管人强加给雇员的过多的和不必要的负担,所有这些挑战加在一起,有时会让你变得手足无措。

基金会就像是一辆豪华汽车,朝着一个特定的、以使命为导向的方向前进,并且在其全球定位系统上配有一张清晰的路线图。这辆汽车归董事会"所有",但主要由全日制工作的雇员驾驶,而董事会成员只是偶尔乘坐和检查。然而在此过程中,托管人往往会不自觉地坐到前排座位并抓住方向盘。而且,尽管他们很在意车辆的清洁度和光洁度(因为雇员已经用了整整一个晚上的时间给汽车抛光),他们却很少翻阅车辆所有者的阅读手册(由雇员撰写)。于是,托管人很自然地感觉到,他们正在管理基金会;雇员很自然地感觉到,关键性的决策在很大程度上应该由他们做出。结果就是,无论这当中具有多么好的动机,他们之间的交流都可能具有如下特性：无效的沟通，时间和精力的浪费，以及会损害结果的功能失调的决策过程。

正确地制定决策

制定和执行明智的决策的能力，是一个高效的组织的基本特征之一。在慈善事业中，这种能力也是产生影响的引擎。明确谁应当为制定什么样的决策——它们能够产生更有效和更适于操作的工作流程，能够增加透明度和减少冲突的发生——负责，不仅有助于改善决策制定者的生活，而且能够使他们的受让人更愿意与其合作，并顺利开展他们自己的重要工作。

模棱两可恰恰会产生相反的结果，不管是在内部还是外部。糟糕的决策过程，是资助者削弱他们的受让人的效率的主要原因之一。不幸的是，这种情况非常普遍。

当然，功能失调的决策过程不局限于慈善机构，但是，它们经常以令人瞩目的方式展现出具体症状。如上所述，这种情况尤其会出现在家族基金会当中。家族既缺乏理性，也缺乏专业性，而且作为一个团体，他们很少能够像一个高绩效的公司董事会或者一个执行团队那样做出注重结果的决策。 即便是结婚几十年的配偶也可能会发现，要在如何提供善款这个问题上做到看法一致，常常极具挑战性。 所以，取得一致意见和推进工作进程的过程可能会被随时终止，尤其是当决策者代表着几代人和迥然不同的观点时，这并不奇怪。

甚至当家庭问题不再是影响因素时，决策权和责任也可能随着时间的推移纠结在一起。 一个历史悠久的基金会可能既有一套跨越不同项目领域的清晰的战略，也有一个明确界定的提供捐助的流程。 项目负责人获得授权，可以为所在领域的单项捐款单方面动用最多 10 万美元的数额。 50 万美元的拨款需要首席执行官的批准，超过 100 万美元需要经过董事会的讨论和批准。 这些政策沿用多年，而且在每一个参与者看来都是相当合情合理的。 但是，纸面上看上去很合理的东西，在实践中未必行得通。 一项细致的分析表明，差不多全部捐赠的 90%——以及每年的绝大部分捐助——都是刚刚略低于 10 万美元的捐助支出，而且这样的善款数量在过去的十年大幅度增加。 另外，每年的这些捐赠支出还具有 85% 的延期利率。归根到底，决策过程已从基金会的领导层那里转移到底层工作人员那里，这和政策所规定的正好相反。

如果这种转移过程是势在必行的——假如基金会领导者决定按照一种创新理念把权力下放到第一线——那么这就可能是一个好的结果。然而实际上，这种状况和基金会的战略没有任何关系。它是在基金会发展过程中逐步出现的，以至于这个组织完全没有意识到这种变化。它是专业人士按照他们自己的"程序库"追求偏好和激情以及相关日程的结果，这只会导致程序的进一步崩溃。

实现结果需要弄清楚怎样做出决策，以及在你的创新理念的框架下做出决策的严格程序。这通常意味着大部分时间你都要说"不"，这既是为了避免实施会使你的战略发生脱轨的捐助行动，也是为了确保从战略角度来看的确有必要这样做的情况下，你能够最大限度地减少损失。这也意味着诚实和客观地看待制定决策的内容和主体。如果董事会负责批准每一次捐赠，而且具有99%的支持率，那么我们就能够做出合理的推断：这个董事会所扮演的制定决策的角色，总体上已经成为一种程序。但是，如果捐助人可以推翻工作人员做出的任何决定，而且一贯如此，那么也许就需要相应地确定制定决策的最终权威。

　　同样，如果家族成员对于某些项目实行直接控制，达到了可以调整捐助范围和绕过基金会的首席执行官的程度，那么这种决策循环也许就应当得到承认。或者说，假如决策的基石是在基金会的行政团队内部达成共识，那么也许应当明确定义这种"共识"的具体细节。尽管所有这些流程并非本来就有问题，但假如在支持一种流程的情况下却在执行另一种流程，这样做就必然是具有破坏性的。怀着善意的人会感到沮丧，实际成果将被减少，做出糟糕决策的概率将会大幅度增加。

　　在每个组织中，决策过程都可能是混乱的和不完善的。人们会在幕后游说，政治会参与其中，私人权力会发挥作用。但是，如果追求成果是你的目标，你就不可能允许混乱局面——围绕制定决策的责任产生的无序性——持续存在。你可以允许你的规则有例外情况。但是，要让它们成为一种有意识的例外情况，这样你就能够确定，你的决策如何随着时间推移而发生有利或者不利的变化。

你有成本意识吗

在最近召开的一次董事会议上，一个接受社会捐赠的基金会的首席执行官——一个非常老练而且很受欢迎的人，骄傲地宣布说，"我们的管理成本少于每年捐赠额度的5%。"这句话得到了包括主要捐助人在内的颇受尊敬的与会者的认同和赞许。这个信息在两个方向上都是明确的：首先，间接成本是不利因素，其次，尽可能地削减间接成本是有利因素。但是，在追求结果的过程中，5%这个比例究竟是一个有价值的成就，还是一个被伪装起来的问题呢？如果说5%是值得称赞的结果，那么4%自然就是一个更好的结果了，是这样吗？2%又怎么样呢？当涉及间接成本时，如果"越少越好"这一结论成立的话，资助人是否应该彻底取消基金会，并且只需要填写个人支票呢？

在任何慈善活动中，最理想的成本水平和成本组合，都应当确保完成实际工作，应当符合捐赠者或者基金会的责任、创新理念以及与目标一致的理想的结果。换句话说，恰当的成本结构,应当是为你特定的目标和战略量身定做的成本结构。《财富》五百强企业从来都不会根据这五百家企业当中的其他任何一家的成本结构为自己制定标准。综合数十个行业数百家公司的战略而确定自己的发展战略,将是一种无效的做法。更糟糕的做法是:不是根据表现最出色的公司的情况为自己制定标准,而是根据总体上属于一般发展水平的几家公司的情况制定标准。但是,这恰恰是现实情形,因为那些本来有判断力的基金会捐赠者和托管人会声称,"我们应当把我们的成本限制在占全部捐助的15%的水平。"或者是,"我们已经根据25家顶尖的基金会为我们自己制定了标准。谢天谢地,我们现在是低成本运作了!"或者是,"我们必须减少我们的总开销;不然的话,我们就是在浪费我们的金钱!"

这些都是正确的"直觉",只是它们统统被错误地加以应用了。

间接成本有好的成本和坏的成本两种类型。就像所有的组织一样,基金会必须密切关注它们的成本结构,而且某些支出(譬如奢华的办公室和多余的秘书岗位)必然是"坏的"间接成本类型的重要疑犯。不过,天下没有免费的午餐这种东西。如果你想建立强大的业务能力以实现出色的成就，你就必须支付雇用一流的员工需要的报酬。从相反的角度说，如果你精打细算并雇佣"二流的"员工，你的优势就会受到限制。一个不能回避的事实就是，你的战略与你执行战略的能力以及你的成本结构紧密相关。关键是要更多地关注成本产生的价值，而不是成本自身。

增加内在的能力将会增加成本。这一成本是否会产生生产力，将取决于它是否真的能够使你和你的受让人取得与你的战略相一致的更好的结果。如果你正在投资数百万美元支持少数非营利服务提供商，就像埃德娜·麦康内尔·克拉克基金会所做的那样，那么你最好擅长对于公司活动计划的审查以及对于受让人的支持。如果你正在试图影响公共意志和公共政策，就像欧文基金会所做的那样，你最好雇佣有政策经验和一流的沟通技能的人。如果你正在创建和传播知识，你需要确保你的组织是围绕着与专业领域相关的整个专家网络而设计的，并能够"接入"这一网络。

正如这最后一个例子所表明的那样，你可能无须雇用你通常需要的所有人员就能够把工作做好。几十年前，如果你想做好某件事，你可能最好身体力行地参与整个过程。今天，各种有利条件——从技术到更专业的服务提供商，到全球化趋势——已经大大地改变了这一动态。在慈善事业中，把你的工作的重要部分"外包"出去，有助于提高质量，降低成本，增加成果，就如同在商业环境当中的情况一样。你可能会雇佣擅长沟通和交流的外部公司，或者是邀请专家顾问和审查人员管理和评估你的捐赠项目。例如，罗伯特·伍德·约翰逊基金会与全国各地的专家合作（主要是高校的学者和教师）来运作它的国内项目。

当你考虑你自身的慈善能力时，你面临的挑战就是要避免做得过头和做得不够。今天的许多白手起家的慈善家，都习惯于按照自我设计的目标思考和行动。认为你自己就可以独当一面的诱惑可能非常强大——由此就会导致你的组织的规模大于你的战略实际所能容许的程度。另一方面，许多基金会领导人都会低估他们实际拥有的、用以帮助他们的受让人的潜力（他们能够通过增强组织的声誉和关系网做到这一点）：例如，把他们介绍给作为其关系网组成部分的其他潜在捐赠者，或者是组织一次与地方官员的重要会谈，而这可能是一个非营利组织领导者凭借个人力量永远无法实现的。为了实现恰当的平衡性，你需要了解你无可替代的特长是什么，并且把这种能力充分应用到有益于你的受让人的工作中。

受让人怎样才能把工作做好

　　弄清楚为了执行你的慈善战略所需要的能力，是回答这个问题的第一步，即，"做好这个工作需要什么条件？"第二步——也是在很多情况下更为困难的一个步骤——广泛了解有能力将相关工作做好的非营利组织或者非政府组织，也就是说，它们能够顺利地解决工作中涉及的需要马上解决的问题。不妨重复一下我们在前面所说的话，那就是在很大程度上，你的慈善事业是由你的受让人的表现所定义的。所以，对于你自己的能力，无论你最终做出什么结论，善于选择的能力必然是"题中应有之义"。

　　作为更全面地讨论高效率的捐赠流程和实践的一部分，我们将在下一章探讨你的受让人的选择这一主题。不过，为了针对这一讨论作必要的铺垫，本章的最后几页将专门探讨非营利组织的管理能力这一话题，更具体地说，就是它们的某些常见的问题和不足是什么。这一认知不仅对于选择恰当的受让人而言是必不可少的,而且对于你正确思考怎样资助和支持你最终选定的组织这一问题而言,同样是不可或缺的。

组织的能力建设问题。 和你一样,你的受让人需要具有你和他们都希望看到的用来取得成果的适当的能力。实际上,这意味着它们需要领导层或管理部门维持良好的工作性能、恰当的业务流程以及协调他们的计划和执行的系统,以及为它们的活动提供支持的资金保障。你需要关注这三个因素:恰当的人,恰当的流程和恰当的成本。

不幸的是,社会部门的现实情况,使所有这三个方面都会成为非营利部门不得不面对的问题。我们将从领导层和管理层入手进行分析,也就是公式中的"恰当的人"这一要素。

简而言之,许多非营利组织都有很强势的领导者,但却不能得到正确的管理。这些组织的领导者往往都是一些真正善于鼓舞人心的人,对他们的工作充满激情,而且在许多情况下,他们都能够把他们的积极影响传递给其他合作者。他们确立有说服力的目标、对下属进行激励以及建立强大的企业文化的能力令人称道。然而,当涉及关键性的管理活动,比如把他们描绘的蓝图转化成组织的优先选项,为雇员提供业绩反馈和培养未来的领导者,以及明确地定义决策的角色时,他们往往会表现出自己有缺陷的一面。

为什么会出现这种失调?首先,非营利组织领导者通常来自他们的组织所参与的领域:例如社区建设或者是儿童福利事业。他们的简历往往不包括在他们自己的组织之外的管理经验。另外,他们的工作环境总是以牺牲科学管理为代价而强化个人领导权威。他们对于事业的激情,以及在某项事业上给出有说服力的成果的能力,的确有助于带动组织的集资活动,并且使领导者能够吸引和鼓舞更多的员工和志愿者。可是,即便当非营利组织的领导者有了以上这些成就,他们也很少会得到充分认可,或者因为他们的管理素质而得到回报,这样一来,他们就经常会将工作重点转向其他领域。

这种情况正在开始发生改变。许多非营利组织正在投资培训和建立他们自己的管理团队,包括下一代领导者。商业和政策机构正在拿出更多的资源用于非营利组织的管理和领导,由此提供了大批渴望进入社会部门的年轻人的队伍。非营利组织董事会和首席执行官也越来越愿意考虑雇用这方面的专业人才——那些愿意把自己在职业生涯中形成的技能和管理经验带入社会部门的人（毫无疑问，在这样的雇佣过程中，薪资和报酬可能仍然是一个关键因素）。

资助人也正在更多地关注建立和维系强大的非营利组织领导力量所需要的条件。由约翰·怀特海德在哈佛商学院建立的"社会企业行动计划"和总部在洛杉矶的德菲基金会建立的一个具有开拓性的休假计划，在这方面提供了两个典型的例子。

当约翰·怀特海德——高盛公司的前任副董事长和里根总统执政时期的副国务卿——在1989年从华盛顿回到纽约时，他做出了一个令人惊讶的决定：与非营利组织合作，而不是回到商界。"我加入到这一事业当中，不仅仅是要为这些组织提供资助，而且要协助它们的管理和运作，而且假如他们的工作开展得十分出色，我也愿意为他们打工，"他回忆说。

毫无疑问，怀特海德的业务专长非常受欢迎。"这就像是一种连锁反应，我突然之间就成了十个不同的非营利组织董事会的负责人！"在意识到他不可能把自己有限的精力用于如此多的组织中时，怀特海德很快就减少了他的参与度。但是，对于多个组织的情况的了解使他不无忧虑地感觉到，许多组织缺少有管理能力的人，不仅是在高级职务层面，在进入非营利组织的年轻人当中也是如此。

为了找到一条为整个行业建立人才库的途径，他在20世纪90年代初期接触了哈佛商学院院长约翰·麦克阿瑟，看看这所商学院是否能够就非营利组织管理进行授课。怀特海德认为，借助于这样一个计划，一个新的管理人才储备系统就能够建立起来，从而将有更多的人有资格进入非营利组织并最终担任领导职位。

麦克阿瑟对此很感兴趣，而且怀特海德同意在连续三年时间内，每年投资5万美元，看看是否能够让这一理念变成现实。事实证明，这个计划是成功的，而且在1993年，怀特海德斯资助建立了一个永久性的"社会企业行动计划"。

在接下来的十年，参与这一计划的全职教员增加到7个，兼职的则有三十多个。他们撰写了大量教学案例，在第二年的课程中引入了六门新课程，组织了一些大型会议，并且出版（或发表）了无大量研究论文、获奖图书和相关文章。学生们不仅对于这些新的社会企业课程趋之若鹜，而且拿出十分有限的时间与非营利组织合作。到 2003 年，由学生管理的"社会企业俱乐部"——它在 20 世纪 90 年代初期基本上停止活动——已经有了 320 个成员，而且始终是最大和最活跃的校园俱乐部之一。

在"社会企业行动计划"启动之后，其他许多商学院都开设了他们自己的非营利组织课程。"这是我希望看到的结果，但是我没有想到，它果然发生了，"怀特海德说，"现在每个行业参与者都有了某种计划。他们都知道，良好的非营利组织管理是必不可少的。"

作为对于一种"平行挑战"的回应，德菲基金会建立了他们自己的标志性的休假计划，以便让有能力的非营利组织领导者保持激情和精力。这个只有不到 2500 万美元基金的基金会，长期支持洛杉矶地区的艺术、文化、教育以及社区开发。当基金会注意到一个令人担心的趋势时，这个休假计划便开始应运而生。"首席执行官们正在相继离职，虽然他们喜欢自己的工作而且做得非常出色。但是，他们没有机会让自己得到休息，"德菲基金会总裁卡洛琳·艾弗里解释说，"他们精疲力竭或者正在接近崩溃。"

希望为他们提供帮助的德菲基金会设计了这个计划，每年为六个非营利组织领导者提供高达 3.5 万美元的补助，使他们获得不低于三个月的休假。根据这些领导者本人的建议，德菲基金会让这一计划变得十分灵活：领受补助者可以根据个人意愿选择休假时间。"只有他们知道怎样才能够让自己最大限度地恢复活力，"艾弗里说，"既然如此，我们何必试图告诉他们怎么做呢？"

德菲基金会从为领导者提供带薪休假的计划当中看到了显著的成效。在对包括德菲基金会的休假计划在内的几个休假计划进行的一项调查当中，3/4 的参与者报告说，休假帮助他们逐步形成他们的组织发展规划，或者是建立了新的发展规划的框架。得到带薪休假资格的人还说，当他们回到工作岗位时，他们对于自己面对挑战和解决问题的能力变得更加自信了。

也许更重要的是，休假计划也帮助他们的组织培养了新的领导者。至少有 83% 的带薪休假者认为，在他们离岗期间，因为有机会更多地发挥个人潜能，他们的经理人在业务方面变得"技高一筹"。还有大约 60% 的人指出，他们的董事会变得更有效率，这是因为他们为组织领导者的休假做了充分准备和相关业务学习。德菲基金会和其他有同样计划的基金会，比如波士顿的巴尔基金会，正在富有效率性和创造性地解决非营利组织部门的领导短缺问题。

尽管有了这些努力，不过因为通常接受资助的方式的缘故，非营利组织仍面临较大的领导和管理方面的挑战。布里奇斯班慈善咨询公司已经细致地研究了这一领域的资助情况；他们的一个关键性的研究报告，涉及他们称之为非营利组织"饥饿周期"的普遍性。

非营利组织"饥饿周期"。 这个周期始于资助人（包括公共以及私营性质的资助人）对于一个非营利组织的实际运营成本作了不切实际的低水平假定。依靠社会捐赠的非营利组织从人性化的角度出发，觉得有责任满足这些不切实际的期待。为了达到这一目的，他们极力地削减他们的间接成本（这往往是一种被他们的"每一分钱都要花在孩子身上"之类的愿望所强化的选择），并且在年度税务报告和筹款材料方面少报开支，以便让他们的运作过程尽可能显得"干净"。这反过来只会进一步加强那种不切实际的、并由此开启"饥饿周期"的低水平假定。这样一来，这一周期就进入了自我循环的过程。随着时间的推移，资助人会期待受让人用越来越少的资源去做越来越多的事。

这些领导和制度方面的挑战，总是以令人烦恼的方式交叉在一起。非营利组织领导者通常都会承受持续的压力，他们需要积累资金以便支持当前的项目，以及（如果他们真的很幸运的话）推动革新和进步，并且做其他更多的事情。

归根到底，他们总是无法摆脱那种"销售模式"，总是希望并专注于说服人们奉献出他们的金钱、时间和影响。即便是最成功的非营利组织通常也必须为每年的经营预算筹集资金。他们的领导者从来都不会忘记一个事实：假如他们不在这些方面多下功夫，他们的组织的生存就会面临风险。

这一现实是许多有商业背景的资助人根本不能理解的。他们感到惊讶的是，一个看似成功的组织怎么可能没有用来管理资金流、或者把金钱储存起来以备不时之需的复杂金融手段！答案就在于上文所述的"饥饿周期"以及削减间接成本的持续压力当中。首席财务官一职就是真正意义上的"间接成本"。但是，为了强调我们前面所作的区分，我们就不得不承认，对于绝大多数非营利组织而言，一个有能力的首席财务官照样可能是"坏的"间接成本。尽管把用于慈善的资金浪费在不需要的商品和服务方面是错误的，但通过"剥夺"非营利组织所需的用来维系、改善和扩大事业的资金

（"好的"间接成本），由此限制慈善资源的影响力同样是错误的。

究竟什么是好的间接成本？有经验的管理者能够轻松地回答这个问题（当然，具体细节根据不同情况或背景而有所不同）。好的间接成本是一种有助于培养人才、巩固一个组织的管理后备力量的人力资源系统。好的间接成本是一种实用的信息技术结构，它能够帮助组织跟踪结果，了解满足实际需求的工作原理，以及让资源的使用变得更有效率。好的间接成本是一个足以承担起管理组织的行政系统的首席运营官，他（她）能够让首席执行官抽出身来，专注于慈善项目和资金储备的责任。

目前，这方面也出现了改变的迹象。一些首屈一指的基金会，比如埃德娜·麦康内尔·克拉克基金会、帕卡德基金会和休利特基金会，均已投入大量金钱，用来培养其受让人的组织能力，以便帮助他们实现更多和更好的结果。非营利组织也在发生改变。它们的领导者越来越愿意拨出相应的资源，用于获得、培养和留住有技能的管理人员。它们正在从战略角度考虑他们的资助模式（而不是单纯地在一次又一次的财务危机之间疲于奔命）。它们的董事会积极参与相关业务，并且用他们自己的才能和个人关系网让组织变得更有效率。

这些都是可能会持续的积极趋势，而且，你可以通过自己的慈善行动帮助这种趋势变得更加巩固。那么，你需要做什么呢？首先，要意识到在能力方面存在的消极因素，并且不要低估它们能够对你的目标进程的破坏程度。其次，要致力于与你的受让人建立起一种真正的合作伙伴关系，这样一来，你们就能够解决这些问题并实现更好的结果。这也是我们接下来将要探讨的主题。

第五章

我应当怎样和受让人合作

捐助人和基金会筹资人经常说起他们与其受让人的"伙伴关系"。这种说法的本意是好的,但是在现实中,他们与之合作的非营利组织领导者却很少感受到这一点。后者当然会感激他们的捐助人为他们提供的资金。那么双方的关系如何呢?我们只能说,通常情况下,这种"伙伴关系"并不是进入当事人脑海的第一个术语。

这一点很重要吗?是的,因为与你的受让人有效合作的能力是从梦想到影响这一过程最基本的业务需求。他们(而不是你)总是身处第一线,从事绝大部分(即便不是全部)最繁重的工作。所以,我们有足够的理由得出这一结论:你最重要的任务就是明智地选择你的受让人,然后尽最大努力帮助他们获得尽可能理想的结果。

在绝大多数情况下,与你的受让人建立有效的关系——你很可能真诚地将其描述为一种伙伴关系——并非全然不同于培养其他健康的人际关系。它要以某种共同兴趣为出发点。它需要你愿意去了解其他人的观点，努力通过他（她）的眼睛去看世界。而且，这种关系会因为你们的日常交流质量而相应地得到巩固或者遭到削弱。

慈善事业的这种合作关系的不同之处在于，因为在拥有金钱和需要金钱的人之间巨大的力量上的不平衡，捐赠者总是占据优势地位。你控制着受让人开展工作所依靠的资源这一事实，从未远离它们的领导者的脑海。这种现实性必然会减少他（她）如实提供报告的意愿，而且在某些情况下甚至不愿意提供重要的反馈——关于成功或失败的工作进展，或者是关于捐赠者对其工作能力的验收反馈。问题是，为了避免变得盲目自满或者掉进自欺欺人的陷阱的情况，你几乎和受让人一样需要此类信息。

你怎样才能够避免这种问题呢？有效的捐赠者和受让人的关系具有多重形式和多个层次，但它们通常都有两个独特的标志。一个标志是，捐赠者和受让人已经共同达成并且维系有关成功的定义：他们的目标在战略上是一致的。另一个标志是，他们的工作关系是富有成效的。所谓富有成效，我们指的是双方都会受益，因为这种关系能够增强受让人创造结果的能力。

当捐赠者和受让人的关系出现问题时，真正的受害者既不是捐赠者，也不是他们的受让人，而是他们希望帮助的社区和公民，以及他们寻求实现的具体目标。因此，本章的宗旨就是同时帮助慈善家和他们的受让人了解建立和维系现实的合作关系所需要的条件，这样他们就能够为了实现社会利益更有效地协同合作。本着这种精神，我们将从一个真正了不起的伙伴关系的例子开始说起，因为这种关系正在改变整个美国数以万计年轻人的生活。

埃德娜·麦康内尔·克拉克基金会：让更多的年轻人受益

在前面的章节，你已经接触到埃德娜·麦康内尔·克拉克基金会（EMCF）所支持的组织的目标——帮助从9岁到24岁的低收入年轻人在教育、就业和避免危险行为方面取得积极的成果。但是，考虑到需要帮助高性能的组织不断进步，以便让越来越多的年轻人不断受益这一创新理念，因此当EMCF选择受让人时，它所需要的就不仅仅是围绕这一使命建立一种常规组织。正如总裁南希·罗布所解释的那样,"我们寻找的是真正擅长在这一领域做出成就的组织。一旦我们找到这样的组织,我们就会对该组织的能力建设进行投资,使之创造更多的成果以及取得更大的影响。"

用数年时间进行数百万美元投资的EMCF,在与其受让人之间建立真正的合作关系方面,可说是下了很高的"赌注"。这些合作关系都始于寻找恰当的受让人,基金会为这一过程投入了相当多的资源。基金会雇员和独立专家在年轻人的发展领域四处搜寻,以便找到已经实现令人瞩目的结果的非营利组织。有时候,这些组织甚至不知道该基金会的存在。青年村就是这样一个组织。

位于田纳西州的非营利组织青年村通过咨询、住宿服务和其他干预手段,致力于帮助在情感上和行为上存在问题的孩子和他们的家庭,并且长期得到个人慈善家——比如在本书第二章介绍过的克拉伦斯·戴——的支持。它和EMCF的合作关系开始于首席执行官帕特里克·劳勒突然接到的一个电话,对方说克拉克基金会很想更多地了解他们的情况。"他们实际上是接到了这样一个电话:'我们一直在做调查,你们出现在我们的雷达中,'"罗布回忆说,"而且我认为,他们在接到这个电话时非常激动，因为他们和国内的其他基金会几乎没有任何接触。这毕竟属于那种你从某个人那里接到的'幸福的电话'。"

经过几次谈话后，显而易见，这个基金会和青年村有着共同的兴趣，那就是都专注于在帮助年轻人方面取得更多和更好的成果。于是，克拉克基金会为了解这个组织开始了严格的资格审查过程。除了要多次登录基金会网站填报资料和参加高层电话会议外，劳勒和他的团队还必须提供大量文件和数据，不过他记得这一过程并不是一种负担，而是一个很大的惊喜。"这个过程使我们发现，他们的态度是严肃的，他们想看到我们的项目的运转情况。他们并没有对我们进行仓促的拜访。他们与我们和我们的地方资助人以及董事会大部分成员面对面地交流。他们了解我们所属的领域，因此也了解我们的成果。我们很少碰到带着如此多的资源找上门，并且细致了解我们的工作的人，但克拉克基金会却是这样做的。"

经过这些拜访和调查之后，基金会向青年村提供了一笔用来开展业务规划的资助金。就像罗布所认为的那样，业务规划既是一个关键性的选择过程，也是与未来的受让人之间建立伙伴关系的第一步。"业务规划是合作的一个重要开端，因为这当中涉及很多工作：必须做出的艰难的决定，各种权衡过程和战略选择。而且，我们都会坐下来，就许多关键性的问题展开讨论。正是在这一阶段，我们为合作奠定了正确的基调，那就是支持领导层和董事会去做他们想做出的决定。我们在这一过程中扮演的角色，就是确立基本标准，并且通过提出恰当的问题提高合作质量。"

劳勒在回忆起这一过程时，也认为它对于青年村非常重要。"我们原本有我们自己的、指导我们前进方向的使命和价值观。不过，这个过程帮助我们真正找到了侧重点，使我们知道自己在哪里能够发挥最大的影响并实现最佳结果。在这方面拥有克拉克基金会的帮助是一件幸事，因为就我们为这一领域提供的服务而言，他们甚至能够极其迅速地理解每一个细节。"

在共同做出执行相关合作计划的承诺以后，克拉克基金会同意为青年村——它设定了绩效"里程碑"，而不是就资金如何使用做出严格限制——提供一种为期多年的投资计划。"当我们找到合适的组织时，从本质上说，它们都属于行业专家，而我们不是，"罗布指出，"它们希望能够做更多的事情，也希望我们能够满足它们的愿望。我们能够对此提供帮助。"

在尊重青年村的业务专长、战略规划和执行能力的同时，克拉克基金会也致力于满足该组织真正需要的条件。在长达6年的合作时间里，克拉克基金会不断提供资金支持，而且将该组织纳入到它那具有开创性的"增长型资本聚合试点"计划当中。在合作期间，双方都能够现实地看待希望从对方那里得到的结果。"我们都专注于这项计划，"罗布说，"但问题总归会出现，而且，他们无法完成每一个阶段的任务，这时他们就需要改变方向。对于我们来说，我们并不指望百分之百的完美表现，我们期待的是一种正常运转。"

从劳勒的角度说，基金会在几个方面给予的支持都是独一无二的，包括能够充分利用它对于所有受让人的深刻认知。"他们擅长对各种资源进行比较和权衡，"他回忆说，"在领导力、财务、成果、信息技术和工作流程方面，他们知道什么做法能够奏效，哪些做法通常并不管用。"

自从2004年以来，克拉克基金会已经为青年村提供了两千万美元以上的资助，用以帮助后者实现它的业务规划。在这段期间，青年村坚持在包括华盛顿州在内的五个州开展工作,每年帮助的年轻人差不多增加了两倍。截至2010年,青年村为超过一万八千个孩子提供了可以让他们以及他们的家庭多年受益的资助金。在2010年收集的数据显示,在脱离资助计划整整两年以后,他们帮助过的81%的孩子仍然留在父母身边,或者生活在类似于家庭的环境当中,85%的孩子要么在上学,要么已经毕业,或者是参加普通教育发展课程的学习。

恰当的选择:以事实为依据

在选择你的受让人时,你至少要像对待你自己的慈善事业那样努力贯彻"人才至上"这一原则。你在前端恰当地做出了这一决定,就能够最大限度地减少(甚至完全避免)在后端出现的其他许多问题。如果这一决定出现偏差,你将来就很难走上正常轨道。正如南希·罗布所指出的那样的,"我们做的最重要的事情是选择。如果我们选择得不恰当,那么从那一刻起,一切都会开始走下坡路。"

瞄准恰当的受让人要从增加"交易规模"开始,也即扩

第五章 我应当怎样和受让人合作

大你需要考虑的候选人范围,尽管这听上去似乎是违背直觉的。 为了确保你选择的组织最符合你的需要,你首先要尽可能多地去了解可能成为候选者的众多非营利组织。 仅仅把你的调查范围限制于你已经知道的几个非营利组织,你就很可能在不知不觉中错过取得更理想结果的机会。 寻找新的组织可能很费力,尤其是在你独自开展工作,或者是在只有几个雇员可以依靠的情况下。 虽然如此,这个旨在"探索资源"的重要一步值得你付出努力。

那么,你应当如何开始呢? 四个 R——人际关系、调查研究、专业建议和实际要求(relationships、research、respected opinions 和 requests)——能够为你的起步阶段提供一系列有效的途径,与此同时,你也的确应当运用你自己的创新思维为它们提供补充。 首先,仔细看一下你已经拥有的人际关系(在这个过程中,要发挥你的创造性):请教见多识广的同事、独立专家或者其他慈善家,让那些属于你感兴趣领域的有前途的组织变得清晰可见。 一个家族基金会的主管(她也是该基金会唯一的工作人员),总是坚持向积极从事慈善事业的大型基金会的同行寻求建议。 他们推荐的非营利组织可能并不十分符合更大型机构的需求,但它们却往往是她那小型的专业化基金会开展投资计划的理想候选者。

调查研究也能够让新的名字进入你的视野。我们所知道的一个目前仍然全职从事商业活动的慈善家,通过阅读报纸和跟踪那些吸引他眼球的报道,发现了他的许多最成功的受让人。就这种方法而言,一个更严谨的版本是进行正式的"地形地貌分析",然后将你感兴趣的领域的所有实力派选手和后起之秀绘制成"地图"。就全国范围而言,这种做法可能显得过于"资源密集"了。然而,如果你是在社区或者地区层面开展工作,这就可能很有帮助而且易于操作,哪怕你是在孤军作战。例如,与你所在的当地社区的基金会领导者进行交流,经常会获得可靠的信息,帮助你了解附近有哪些组织正在你感兴趣的领域开展出色的工作。

从专家那里寻求专业建议,也能够让新的、有望成为候选者的受让人进入你的视野。彼得和卡罗林·林奇依靠他们的董事会成员、他们关注领域的所有专家的建议,去了解那些可能有资格获得支持的新的组织。因为董事会成员对于基金会的使命和价值观有深刻的理解(以此作为他们的业务专长的一种补充),他们的建议经常能够创造出机会,帮助你了解那些最具潜力的受让人。

最后，根据你在行业内的规模和地位，通过各种方式公布你对于新的受让人的要求，可能会将那些较为出色、但目前并不为人知晓的非营利组织带入到你的视线当中。因为绝大多数慈善家都已经被各种资助请求所包围，因此这种做法可能会带来喜忧参半的结果。但是，如果你根据你的战略规划确立和公布你追求的具体标准，你就可能会发现，这一做法的反馈质量之高令人吃惊。值得一提的是，这种方法需要你有能力做一些重要的外部拓展工作，以及对大量潜在的申请者进行资格审查。所以，假如你打算使用这种方法，你就必须对及时、高效地做好你的工作所需的实际资源了然于心。另外，倘若你利用发布的要求吸引来众多的回应者，但接下来却连续数月不给他们任何反馈的话，那么由此就将导致这样的结果：你将很难和最终选定的受让人之间从一开始就建立起良好的合作关系，而且这也会伤害你在其他非营利组织当中的声誉。

资格审查必不可少

当你确信自己拥有强大的潜在受让人的资源以后，前面还有一项重要的工作等待你去完成。确切地说，在你做出最终决定之前，你需要进行必要的验证，也即执行慈善战略所必需的"资格审查"。这一筛选过程的目标是，就候选者交付结果的能力（包括候选者提供的项目质量及其组织能力）形成一个有说服力的意见，同时也是为了确定他们实现计划所需要的支持的具体形式或类型（这对于你和其他资助者而言都是一个重要环节）。

资格审查可能会很棘手，因为只要你为获取信息开始联络一个非营利组织，你就会产生某种期待。而且，你索取的信息越多，你的期望值就越高（你不能否认这一点），非营利组织需要为此做的工作也就越多。所以，在着手联络之前，尽可能多做一些辅助性工作总是明智的，你也应当尽可能弄清楚究竟在什么时候，你确实需要为了获取信息与对方联络，还要确定你将会使用的流程和时间表。

你正在考虑的资助规模和你的工作背景，将会在很大程度上决定你的资格审查所需要的严格程度。一项潜在的资助计划，要么可能是一个复杂项目的一个相对较小的要素，要么是一个大型的、长期的和独立的投资；要么是一个将持续多年的"大赌注"，要么是一笔数额较小、一次性的、目的明确的馈赠。它要么可能需要与其他捐赠者和非营利组织之间紧密协作，要么完全独立运作。同样，你的战略的所有重要环节要么可能都经过了验证，要么可能包含一些重要的未知因素。

你作为决策者的具体身份也是重要影响因素。你（以及参与你的慈善事业的其他人）对于一个受让人的了解可能微乎其微，或者说，你也可能是受让人组织的一个相对活跃的志愿者或董事会成员。如果你是一家基金会的总裁，你可能有单方面决策权力，或者有资格参与一个复杂的、涉及多个合作者、详细证明文件和严格流程的内部决策过程。简而言之，资格审查过程的形式和强度，应当根据实际情况，以及你决定避免"可避免的错误"（只要花时间进行总结，就很容易看到这类常见错误）这一目标确定。

思科系统公司的前任主管和大自然保护协会（TNC）董

事会主席约翰·莫格里奇，以及南希·罗布和她在埃德娜·麦康内尔·克拉克基金会（EMCF）的同事，分别提供了有关资格审查的两个不同的范例。在1998年进入TNC董事会的莫格里奇最终熟悉了这个组织、它的领导层和它的战略方向。归根到底，约翰和他的妻子塔夏，能够充满自信地提供总额高达数百万美元的捐赠，因为前者知道他已经高效率地参与过长达十多年的资格审查过程。

从另一方面说，打算进行深度投资并且寻找新的非营利组织的捐赠者，需要一个更正式和更严格的资格审查过程。例如，EMCF根据24项不同的指标评估潜在的受让人（比如青年村），并要求对方登录基金会网站填报相关资料，然后才开始做出最初的、相对较小的捐赠。接下来，新的受让人通常会参与由最初的捐赠者资助的业务规划，在此之后，基金会才会根据其实际表现，决定是否给予额外的资助。当EMCF开始和一个受让人全面合作时，它会做出资助数百万美元并要合作多年的承诺，正因如此，这个复杂而漫长的资格审查过程不仅是适当的，而且是必要的。

资格审查不见得需要过分繁琐才能满足要求。有些侧重于结果的慈善家和几个雇员（如果有雇员的话），会定期同一个潜在的受让人组织的领导层（包括挑选出来的董事会成员）多次进行深入交流，以便了解他们的想法和目标。其他慈善家则将范围缩小到一张简单的清单，上面列出了几个具体审查标准。例如，位于旧金山的社区发展基金会仅仅关注四个项目方面的要求，比如，该组织是否服务于低收入客户（社区发展基金会的目标受益人），是否致力于跟踪成果等等，以及三个组织方面的要求，包括财务健康状况，与一个深度参与的资助者合作的意愿等等。这样的标准并不繁琐，但是它们能够帮助社区发展基金会的决策者评估潜在的受让人是否与它的战略一致，以及是否有能力创造成果。

正如这一讨论所表明的那样，你的选择过程需要的严格程度总要根据具体情况而定。尽管如此，这当中的确包含几个意义明确、令人信服而且普遍适用的规则。

种瓜得瓜，种豆得豆。 忽视资格审查，不管是因为个人癖好，有缺陷的流程，还是因为投入的时间和努力不够，几乎都必然会给你带来麻烦。在这方面，错误的代价可能很高而且很难进行补救；一旦做出了一项承诺，大概就很难把它付诸实践。即便你认为自己需要和受让人进行协商并改变工作进程，它也很可能非常困难，而且会对对方以及你自己造成潜在的伤害。

　　具有讽刺意味的是，某些慈善家意识到这一严峻的事实以后，却在相反方向上走得太远。也许因为他们对于自己的判断力缺少自信，或者是因为他们害怕由于犯错误而给自己带来尴尬，所以，他们总是避免做出那种重大的承诺。他们让自己的慈善活动流于形式主义，而不是让他们的捐赠规模大到可以产生重大和有益影响的程度。在做出一项较大的承诺之前，或许只要把你的一个脚趾放到水中即可——如果这是检验水深的一种方式的话。不过，在相当多的情况下，习惯于进行肤浅调查所导致的结果，就是做出几项不温不火、也不会产生多少价值的投资。当你真正对一个潜在受让人感兴趣时，为进行深度调查而投入时间，以及为进行大手笔的捐赠而确立自信，经常会转化为更好的结果。

　　有效的资格审查是一个彼此发现的过程。当然，这其中涉及如何把有关潜在受让人的项目和财务情况的确凿事实集中起来。不过更重要的是，你尤其要关注类似于彼此的共存性以及忠诚度和信任关系的前景等问题。审查是与你的受让人建立一种有成效的工作关系的第一步。在这方面投入的时间和精力不足，不但会削弱选择的质量，而且一定会削弱建立强有力的未来关系的潜力。

是的，这需要时间。如果你觉得你时间有限，或者说，如果你只是想着手了解一个新的领域，并从其人的经验中获益从而走上慈善道路，那么你或许可以考虑借重其他慈善家的努力以实现你的慈善目标，就像"绿色通道基金"的投资者所做的那样（当然，你仍需对其他慈善家或者中间人进行某种资格审查）。沃伦·巴菲特向比尔和梅林达·盖茨基金会提供的310亿美元，是历史上最大的"搭顺风车"的慈善捐赠，也是利用其他捐赠者的经验的一个典型范例。当然，这样做并不必然意味着选择了一条便捷的途径，在很多情况下恰恰相反。需要指出的是，对其他捐赠者支持的项目进行投资这一选择，本身就是一个绝佳的机会，它可能有助于在短期内产生立竿见影的效果，而你通过其他方式可能无法做到这一点。

你需要严守纪律。迅速"爱"上一项交易是人的天性。你可能会在那一刻失去理性（慈善事业和其他任何领域一样，都会受到时尚和所谓"新生事物"的影响）。或者说，你可能对那个领导一个特定项目的人印象深刻，而你本人也对其极有好感。尽管我们从来不会建议你忽视你的本能反应,但你的确有必要记住,个人魅力可能在他(她)声名鹊起的过程中发挥过重要作用。一个慈善家曾经悔恨地指出,"很多人都有有趣的想法,可是到头来,他们并不拥有推动一个组织前进的领导能力或者管理能力。这是一种非常非常宝贵的技能。作为一个慈善家,我可能会陶醉于一个想法,但是接下来,我会逐渐地意识到,那个领导者根本不具有执行力。"所以,当你接触到一个令人兴奋的领导者时,你可以允许自己从对方身上汲取灵感,同时要严守纪律,那就是一定要弄清楚他(她)是否拥有驱动结果的那种技能。

严守纪律的另一个含义是,你要牢记导致资格审查出现问题的一个重要原因,就是我们在前面描述的市场动力和指标几乎完全不存在的情形。新的概念会不断出现,而能够淘汰那些缺少潜力的概念的现实动力少而又少。与此同时,在慈善事业中,对于新的项目和组织存在普遍的和长期的偏见。一方面,对于革新和发明的慎重而且有意识的支持至关重要,另一方面,对于下一个重大项目盲目的迷恋,可能会浪费本可更好地用于支持高效率的、业绩出色的非营利组织的机会。

一对慷慨大方、热衷于慈善事业的夫妇的故事,证明了

第五章 我应当怎样和受让人合作

忽视适当的资格审查可能导致的后果——不管是对于他们和其他捐赠者,还是对于他们想要支持的那个机构而言都是如此。 玛丽和汤姆·米勒——我们在这里不妨这样称呼他们——捐赠了1000万美元,作为对当地科学博物馆资本运动起始阶段的支持。 他们热爱科学,而且那位富有个人魅力的博物馆馆长描绘了一个具有说服力的前景:除了用来资助建设一座壮观的新的博物馆建筑设施以外,他们的捐赠还将使这个博物馆成为他们所热爱的这个城市的活动中心。 该博物馆还找到了能够提供与米勒夫妇捐赠的资金对等的其他捐赠者。

就在资本运动开始面向公众的阶段,他们的合作出现了严重问题。 汤姆最终审查了扩张计划,很快发现了该计划所依赖的财务假设存在重大缺陷。 根据现实情况,该计划将会使博物馆经营出现严重赤字。 汤姆和玛丽找到了那位支持这一计划的博物馆馆长。 他们最终撤换了他们的资助保证,这导致大部分对等资金也跟着消失了。

博物馆取消了这个项目,用一个适度的调整计划取而代之。 当地媒体对这件事进行了大力报道,明确暗示该博物馆在建设方面粗心大意。 过去那些忠诚的捐赠者相继取消了每年的资助。博物馆馆长最终被辞退。多年以后，这个机构仍然没有回到正常的运行轨道。

虽然在这件事当中各方都有责任，不过它充分证明了资格审查的价值。倘若米勒夫妇在审查方案时能够更加严格的话，他们可能就不会在合作协议上签字，或者说，他们或许能够帮助博物馆制定一份更务实的战略，从而避免灾难性的结果。它带给我们的警示就是：不要让观点——或者迷恋之情——凌驾于事实之上。这两个方面同样重要。

你需要面对现实。 根据我们在上一章探讨的能力问题，假如你的资格审查过程暴露出一个原本很有希望的潜在受让人存在某些严重的组织缺陷，你不应当感到惊奇。问题就是如何让这些缺陷被成功地加以修正。答案将取决于这个组织能否进行能力建设（以及必然伴随的组织创新），也取决于你是否愿意考虑资助将会涉及的非项目开支的全部或部分。

如果一个非营利组织的领导者和董事会不能或者不愿处理（甚至不愿意承认）他们的组织问题，那么无论是你还是其他任何人，都不可能在这件事情上起到多大作用（例如，如果那位首席执行官把年度审查看成是一份无关紧要的"电子信件"，那么，提供用于设计和贯彻绩效管理系统的资助几乎没有任何意义）。正如埃德娜·麦康内尔·克拉克基金会的经验所证明的那样，反过来也是同样的道理。当一个组织的领导层具有为了交付更好的结果而开展能力建设的意愿时，那么，为了这一目标而在人才、流程和财务模式方面为其提供帮助，就能够得到充分的重视和配合，并且产生显著的效果。

在潜在的受让人的战略方面，奉行现实主义同样至关重要。正如要打开一把锁，首先必须要让锁头的制动栓的各个部件全部对齐一样，打开"社会影响"这把锁，也需要你和你的受让人在战略上保持一致。你们怎样才能获得这样的一致性，以及在此过程中会出现哪些障碍，是我们接下来将要探讨的主题。

对于成功的一个共同定义

实现真正的一致性，需要捐赠者和受让人双方在战略上都要清楚各自承担的责任。这就是为什么首先就阶段性成果（它们是你的慈善事业最终获得成功以及为此制定的战略的基本要素）给出定义而投入的时间显得如此重要的原因。这也同样适用于你的受让人。正如你必须清楚你的目标和角色一样，你与之合作的非营利组织领导者同样必须了解他们为之负责的结果，以及他们的组织将怎样实现这些结果。倘若对基于事实的共同战略缺少明晰性，你们双方都很可能功亏一篑。

以你的目标作为出发点，可以通过两种途径实现与你的受让人的合作。一种途径就是找到其目标与你的目标并不矛盾的组织（或者个人），然后全面支持他们的工作。另一种途径就是围绕受让人的一个或者多个（当前的以及即将发起的）项目或行动，与对方进行合作。埃德娜·麦康内尔·克拉克基金会选择那种准备扩大发展规模的针对年轻人的非营利组织，并提供数百万美元资助，就是第一种途径的一个例子。约翰·M. 奥林基金会开展的工作提供了另一个例子。

美国商人约翰·奥林的财富来自于化工产品和弹药制造。在20世纪50年代和60年代，奥林越来越关注他极为重视和信任的自由市场制度的发展。他知道公共政策能够为保护自由市场提供帮助，而且他把法律和哲学看成是影响这种政策的重要杠杆。

第五章 我应当怎样和受让人合作

有了这种想法以后，奥林要求约翰·M.奥林基金会"为能够反映或者旨在加强经济、政治和文化系统——它们是宪法政府和私营企业这些美国遗产的基础——的项目提供支持"。为此目的，基金会资助了包括联邦主义者协会在内的合法的协会、保守主义的学者，以及各种热衷于学术和法律宣传的保守主义智囊团，比如美国遗产基金会和曼哈顿学院。

在基金会进行选择的过程中，它选择的组织和研究者都能够充分认同奥林的哲学理念。基金会的领导者确信，他们的受让人的工作与约翰·奥林的愿望相一致，所以，他们觉得不需要对资金进行"微管理"（为了防止他的财富因"使命发生偏离"而被浪费，奥林还要求基金会当前的全部资产必须在他这代人在世期间被充分使用）。几十年来，基金会将大约3.7亿美元用于各种形式的资助，这是一个相对较小的数目（譬如，与善款额度仅在2009年就达到将近5亿美元的福特基金会相比）。但是，许多人都认为，和上一代其他任何慈善机构相比，通过它的战略捐赠，约翰·M.奥林基金会在将保守运动制度化并对其提供支持方面做出了更大的贡献。

捐赠者和受让人在战略上达成一致的第二种，也是更为常见的途径，是体现在项目或者行动这个层面上。有时，某个单一项目或者一系列项目会很有吸引力，它能够构筑捐赠者的创新理念的特定环节。戈登和贝蒂·穆尔基金会对于一个海洋研究机构的资助，就属于这一范畴。

穆尔基金会的使命是"提高未来几代人的生活质量"。这一宽泛目标的一部分内容，包括如何加强环境保护，以及怎样把环境保护和人类健康联系起来。通过在2005年开展的"海洋保护"行动，穆尔基金会在十年时间里已经投入大约1.45亿美元，帮助在美国和加拿大建立了有适应力和有成效的海洋生态系统，并采取了包括改革渔业管理在内的各种手段。

渔业管理是一个涉及范围广泛的利益攸关者的主题，所谓的利益攸关者包括联邦、州和地方政府、环保主义者、渔民和鱼类产品加工工厂经营者。通过一系列侧重于改善现有管理实践（比如以科学为基础的渔获量限制和更好的监测措施）的多种途径的战略捐助，穆尔基金会使自己全面进入这个复杂的领域，并且把利益攸关者纳入到这个新系统的设计过程中。

第五章 我应当怎样和受让人合作

在 2007 年,该基金会将 110 万美元捐助给缅因湾研究所（GRMI），一个位于缅因州波特兰市,和当地社区有密切关系,而且在渔业管理方面具有"中立派"的声誉的海洋科学中心。尽管 GMRI 本身从事的是多种形式的研究和教育活动,不过,由于穆尔在 2007 年的捐赠专注于交流、汇总和提供技术业务特长,这使得相关利益方在新英格兰市建立起（并由此支持）一种可持续的渔业管理计划。

在其他情况下,一个非营利组织可能成为一个有吸引力的计划性资助的候选者,因为在你的支持下,它已经为开展一种新的行动做好了充分准备。波士顿学院的"林奇教育领导者研究所"就是这样一个例子。彼得和卡罗林·林奇都对教育充满激情,这源自于他们对于良好教育能够带来的终身影响的个人认识。在 2010 年,支持波士顿地区以及国内一系列教育机构和项目的林奇基金会,宣布在波士顿学院的林奇教育学院创建一个"林奇教育领导者研究所"。借助于最初的两千万美元的捐赠,它成为国内第一家同时培训和支持来自天主教学校、公立学校和特许学校的校长的研究所。

卡罗林·林奇这样描述这个新的研究所的推动力:"问问教师他们需要什么,他们会告诉你他们需要更好的校长。问问校长他们需要什么,他们会说需要更多的培训。这就是这个新的研究所以及它将提供的校长证书项目的全部内容。"

尽管波士顿学院显然长期致力于大量有价值的教育项目,不过林奇夫妇还是侧重于他们自己和教育部门认为最重要的项目。

战略一致性的关键意义,在于它能够把各种力量一劳永逸地结合在一起,从而为社会创造价值。考虑到它是那样富有成效,因此,它应当成为每一个慈善家和非营利组织领导者的标准工作方法。但愿这能够成为现实!

战略中断

慈善事业是一个买方市场,而非营利组织领导者很少有能力与潜在的捐赠者主动讨价还价。选择过程在很大程度上(而且当事者都会感觉到这一点)是单向的,仿佛潜在的受让人是在参加一次选美大赛,他们唯一能做的事情就是取悦裁判。所以,无论其是好是坏,一个捐赠者(尤其是一个有强大实力的捐赠者)的观点能够极大地影响受让人的行为。

第五章 我应当怎样和受让人合作

这种影响经常会导致当前项目出现微调,或者是增加一个与非营利组织的当前战略多少相符、而且让主要捐赠者很感兴趣的新的活动。当这样的干预得到一个非常了解行业情况的捐赠者的支持时,它就能够为受让人的战略提供有益的能量。

但是,当一个雄心勃勃的捐赠者强迫一个有抵触情绪的受让人以及被金钱所诱惑的受让人接受一种战略时,就可能会出现延缓捐助的情形,由此导致的战略中断,就可能带来很高的代价。它可能会扭曲一个原本行之有效的战略。它可能会增加过量的开支,并且让其他捐赠者和利益相关者感到恼火(或者使他们敬而远之)。归根到底,它可能会因为削弱组织的整体运营能力而给社会带来损失。

这种战略中断有一个现实的例子:一个美国中西部的基金会接触了东海岸的一个非营利组织,该组织因为向领福利救济的母亲(指孩子幼弱而又无丈夫,需接受社会福利救济的妇女,——译者注)提供职业培训服务而正在为人所知。由于对能够证明该项目正在顺利解决这个令人棘手的问题的先期数据感到振奋,一个高级项目官员提出这样的建议:在基金会总部附近资助建设一个分支机构。那个非营利组织的领导者受到这个潜在捐赠者的承诺的吸引，而且对于自己的组织受到这样大的重视受宠若惊，再加上组织需要发展的长期压力的缘故，他显然无法拒绝这个唾手可得的扩张机会，尽管该组织的首要任务仍然是完善项目模式和加强当前的业务活动。

就像我们经常见到的情况那样，虽然早期的成果表明这个项目能够正常运转，参与者能够得到范围广泛的服务，但是当事者并不清楚一点：就实际效果而言，在这些服务当中，哪些服务才是真正至关重要的。与此同时，这个组织尚未解决有效的自我复制所涉及的一系列难题。例如，他们并不确定哪些要素是这个项目取得成功的核心条件。在原来的办公地点，他们在当地社区当中拥有强大的基础，与当地政府官员有密切的合作关系。这两个因素在其他地方也是必需的吗？该组织曾计划投入时间和资源解决类似问题，然而，他们无法抵御立刻就会得到资助，并在一个有数千个"福利母亲"需要帮助的新城市开辟"第二战场"的诱惑。

毫无疑问，这个新的战场的局面令人失望。那个基金会没有能力资助整个项目，而该组织也没有同当地其他资助人建立合作关系以填补资金缺口。由于缺乏资金，这个非营利组织只能选择缩减服务种类，但这样做的结果就是无法取得预期效果。 而且，由于注意力转向其他地方，这也导致原来的办公所在地难以进一步发展。 几年以后，该组织的运作出现严重问题，而且一个项目模式仍需进一步优化。 只有良好的动机，却没有战略一致性，导致这两个机构都出现了"脱轨"，也浪费了双方都不应浪费的资源。

这种"火车脱轨"现象能够得到避免吗？ 有可能。 但前提是双方必须坐下来，进行一系列与过去全然不同的交流，并采取某种与过去不同的做法。 基金会的项目官员必须愿意重视那个非营利组织领导者的经验，全面了解他的看法，从而展开这种互动过程。 非营利组织领导者必须严谨而坦率地传达他的组织战略，以及该组织的真正需求。 假如建立了这样的对话机制，得到的结果就可能不再是做出扩张的决定。 尽管这一决定从短期来看令人失望，然而这一结果终究比后来出现的实际情况要好得多。

为什么类似上述的假定对话机制并不会经常出现呢？ 问题的根源就是在捐赠者和受让人之间固有的力量的不平衡，以及这种不平衡导致慈善资本给非营利组织带来的真正的成本。

慈善资本的成本

正如企业会带来资本成本一样，非营利组织需要为其积累的金钱付出一种代价。然而，它们筹集资金的真正成本很少能和公开账面上报告的直接费用相提并论。在很多情况下，这些数字提供的只是一个底线，在它上面将会增加非营利组织在积累资金过程中导致的大量间接成本：寻找并求助于潜在资助人；准备和修改资助申请书；满足提供报告和接受监督的需求；参加相关会议；以及作为与慈善家和基金会"打交道"的组成部分的其他所有活动。尽管这些成本是真实存在的，但它们几乎从来都不能量化，因为时间（尤其是高级管理层的时间）——而不是金钱——才是用来支付大部分成本的"货币"。

问题并不是在这当中存在资本成本这个事实。慈善资源（包括非金融概念上的慈善资源以及金融概念上的慈善资源）能够带来很多好处，而且没有哪个明智的非营利组织领导者会认为，这些好处是无偿提供的。然而，资本成本经常

第五章 我应当怎样和受让人合作

会逐步上升以至于失控,因为一个受让人对于资助的长期需要会促使它的领导者接受主要捐赠者强加的任何要求和条件,哪怕这会导致管理混乱、组织限制或者战略偏离。 与此同时,从捐赠者这一方面说,他们没有多少动机去尝试减轻成本或者调整他们的行为,因为他们正在强加的成本基本上是隐性的和随意的(至少对于他们而言如此)。

在这方面,一个受人尊敬的非营利组织领导者讲述了一个尤其不幸的故事,它例证了慈善家经常(而且是不经意地)强加的足以提升资本成本的那种负担。

一个亿万富翁去世后,留下的财富被交给三个长期雇员管理。 这三个并不富有,在慈善事业方面没有任何经验的雇员,突然发现他们每年需要分配超过3000万美元的资金,而且完全可由他们自行做主。

我们的一位朋友拥有一个大型的全国性教育网络公司,旨在为市立学校提供课外活动计划。 他和他的开发团队听说了这个新成立的基金会,就争取到机会和它的初出茅庐的慈善家会面。 后者态度积极而且热情,双方很快进入了彼此进一步了解的阶段。 这几个资助人接触了这个国内教育网络公司董事会的一些成员,多次登录浏览了该公司的网站,而且暗示出他们非常乐意帮助这个组织扩大在全国范围内的规模。受到他们的这种积极性的鼓励，这家公司提出了1000万美元的赞助申请，用来支持他们在四年时间里将公司业务范围扩充到四个新的城市这一计划。

在经过两个月的等待以后，资助人终于做出了这样的答复：他们不会提供一笔较大的资助，而是愿意提供一笔数额较小的赞助资金。他们只能考虑为有限的几所学校提供全方位支持，也就是说，他们可以满足支持这几所学校参与课外活动所需要的全部条件。根据上述目标，首席执行官能拿出一份与之相符的计划书吗？

在把他们的失望（以及受挫的感觉）抛到一边以后，首席执行官、他的开发团队和一些地方办事处人员共同努力，起草了一张完整的、有说服力的计划书，以便满足资助人提出的新的要求。他们研究制定了最好的课外活动计划并认真地核算了成本，其中包括为学生提供的交通运输条件，能够为新的活动计划提供支持的工作人员，以及在新的城市的现场工作人员。在三年时间里，需要的资金刚好在100万美元以下。

几个星期过去了，他们没有从资助人那里听到任何回音。 最终，对方给出的答复是，他们提供的数字似乎并不完全正确。 根据资助人的计算，"间接成本"占计划书提到的成本的40%，而他们不愿考虑任何超过15%以上的间接成本。"直接项目成本"——比如新的工作人员——是有价值的；为课外活动网络的工作人员或者运输系统提供的资助是没有太大价值的。 那位首席执行官感到惊讶。 没有运输系统，孩子们就不可能直接得到这个项目的帮助。 没有工作人员的支持，就不可能建设新的课外活动网络。

由于不能达成一致意见，资助人和这个非营利组织很快就分道扬镳了。 对于资助人而言，这只不过是又一次拒绝提供资助而已。 对于这个非营利组织而言，这意味着高层人员的9个月时间和数百个钟头的工作被白白浪费了。

除了被浪费的宝贵时间和强加的不切实际的要求以外，提供资助这一方（捐赠者、托管人和基金会成员）很容易掉入另一个陷阱，那就是他们会表现得像是具有正式控制权的所有者，而不是能够施加影响的金融中间人。 作为一个例证，不妨考虑一下在几年前，一个新成立的财力雄厚的基金会的所作所为。 该基金会雇用了一些有才能的人作为骨干力量。 需要指出的是，这些人对于捐赠者想参与其中的那些领域都很陌生。

在第一年，基金会高级工作人员设计了一种"突破"战略，确认了他们认为有可能实现基金会的宏伟目标的潜在的受让人。实际上，潜在的受让人需要解释他们能够为满足基金会的需求做些什么，而基金会方面却很少考虑他们的丰富的经验或者当前的战略规划。非营利组织不得不跟着基金会的指挥棒走，开始撰写"有说服力"的计划书，哪怕他们知道，基金会的目标项目将会和他们自己的战略优先选择发生冲突。来自基金会方面的暗示是明确的："如果想从我们这里拿到钱，你就最好按我们的方式去做。"

不久以后，一切都变得再清楚不过了：基金会负责人并不比他们的受让人更有见识。基金会的战略既没有经过检验，也会让人感到迷惑。最糟糕的是，由于坚持让受让人盲目尊崇它的需求，而不是采取彼此合作的态度，基金会实际上削弱了其受让人的工作质量。这并不是地位平等、具有相同目标的利益攸关者建立的伙伴关系；它是一种金钱决定一切的作风，这实质上损害了捐赠者渴望实现的结果。

第五章 我应当怎样和受让人合作

通过你的受让人的眼睛看世界

当慈善家进入到控制模式时，它还会加剧另一项挑战：弥合他们自身和从他们那里获得资金的非营利组织领导者在经验上的差距。尽管每一种人际关系都有它的问题，但是，当双方都能够理解彼此的看法时，解决这些问题就要容易得多。就慈善家和受让人这种情况而言，这种理解过程可能尤其难以实现。它通常较少涉及他们彼此间有多少好感，而是更多涉及他们各自所处的环境的现实性，以及他们各自的经验所产生的不同的世界观。

慈善家（包括那些在基金会处于高级领导职位的慈善家）很少真正管理过一个非营利组织。他们或曾就职于非营利组织董事会，或者在一个特定的领域（比如环境保护）形成了很强的专业技能。但是，他们很可能并未把更多时间花在第一线，譬如身体力行地帮助无家可归的家庭，或是倡导为非洲的孕产妇提供更好的医疗条件。他们也不需要处理非营利组织领导者经常面对的现实而严峻的结构问题。

除了金钱以外，高层管理时间是一个非营利组织最稀缺的资源。小规模的领导团队、有限的基础设施和简单的雇员结构，都可能会给首席执行官和他们的直接报告过程带来巨大的日常负担，而那些最具诚意的慈善家和捐赠者也可能会不经意地加剧这种负担。非营利组织的领导者需要一遍又一遍地撰写计划书，而基金会董事会方面的决策往往会延续数月之久。资助人经常提出各种评估要求，经常就已经"到位"的东西不停地询问，或者说，他们会不断拿出新的衡量标准，以便确保获得有关那个组织真实运转情况的有价值的信息。他们会召集多次会面，彼此分享最优工作经验，而受让人真正需要的，可能是接触到其他高效率、可能有兴趣资助其工作项目的慈善家的机会。基金会领导者可能会慷慨地支付他们的受让人的旅行成本，但从来没有考虑所有这些时间涉及的真正成本，因为对他们来说，这些时间是"免费"的。

不同的世界观，会使双方完全不同的经验所产生的影响变得复杂化。由于显而易见的原因，慈善家往往更多地联络其他富有的人和有影响力的人，而不是联络有望成为其受让人的非营利组织的领导者。在分配金钱的人和那些依靠它们实现结果的人之间，这种倾向性可能会造成一种真正的距离。捐赠者和受让人可能会意识到彼此在智力层面面临的挑战，甚至可能拥有共同的激情和梦想。然而，他们每天都生活在截然不同的世界里。

没有什么能比金融紧迫性的"鼓声"更有力地强调这一点。捐赠者很少听到这种鼓声，但它对于他们的受让人而言却无所不在。和非营利组织的领导者不同，慈善家很少会在半夜惊醒，因为只有前者才会更多地担忧他们需要如何获得充足的资金，以便用来发放工资，维持一个可行的项目，或者是为雇员购买在实际工作中不能缺少的笔记本电脑。如果慈善家也能够设身处地并具有同样的忧虑，那就可能很少会出现这样的评论——它来自一个受人尊重的、一家非常成功的非营利组织的领导者——"我当时一直在和这个著名的捐赠者合作，在整整十个月时间里，我需要一遍又一遍地修改资金申请报告。而且即便在完成这项工作以后，我们仍然对于我们各自所处的位置和所扮演的实际角色一无所知。"

有时候，慈善家会有他们自己的烦恼。在开始于2008年的经济大萧条时期，许多基金会的投资组合都遭受了重大损失。有几家基金会削减了员工人数，还有许多基金会削减了资助规模以便保存资本，这使得他们经常需要在确定放弃哪个受让人和哪项捐助承诺的过程中做出艰难的选择。可以确定的是，这是金融方面的苦涩丸药，但它很少会构成一种生存现实的威胁（即便捐助规模可能缩减，但捐助过程仍会持续，而且大多数雇员都保住了自己的职位）。在很多情况下，危机是暂时性的，而且当市场反弹以后，捐助承诺会根据现实情况重新恢复。

可是，尽管捐赠者关心的是资本配置，受让人忧虑的却是如何得到资本。即便是在最好的时期，非营利组织通常也都没有多少用于关键投资或者不可避免的意外情况的储备。某些慈善家甚至会因为对方储备用于意外情况的资金而惩罚受让人，认为"既然他们有了储备，他们显然不需要我出钱"。而且和基金会不同，当萧条的经济开始反弹时，他们不可能比较容易地恢复元气。考虑到实现未来构想和筹集资金的长期需求，一个非营利组织领导者的角色通常就是"筹集资金的主要负责人"这一点，并不会使人感到多么奇怪。或者说，为了满足年度预算而争夺资金（这样，你接下来就能够按下"重启键"，并在下个财政年重新开启"找钱"这一过程），对于大多数首席执行官而言是一个无法改变的现实，甚至在知名度很高而且得到有力支持的组织当中也是如此。

这些现实情况可以解释把捐赠者和受让人区分开来的真正"鸿沟"：对于他们具有激励作用的、合情合理而又具有竞争性的动机。捐赠者想让他们的金钱产生尽可能大的影响，想要尽可能地确保他们的金钱发挥最大的优势。受让人同样拥有对于交付最佳成果的激情，他们需要的是在尽可能长的时间内得到尽可能多的资金，以及对于资金使用的尽可能少的限制。

具有讽刺意味的是，这些竞争性动机的一个有害后果，就是双方为回避严峻的现实而有可能达成默契的协议。受让人不认为自己有必要提出问题或者主动暴露自己的缺陷，以免损害获得未来投资的可能性。而且，真正想听到坏消息（比如，一个组织的创新理念的某个关键环节存在问题）的资助者的数量，似乎总是少而又少。

指望这些差异性消失是不现实的，但是，在一种健康的合作关系当中，它们能够被减少到最低程度，而且被最终加以克服。选择与你的战略具有一致性的受让人，是这个合作关系方程式的一部分。其次（而且是更具挑战性的部分），是要培养一种建设性的伙伴关系——它将能够使你的受让人取得更好的结果（与在没有你的帮助的前提下他们所能实现的结果相比）。

培养一种建设性的工作关系

尽可能保持资本成本的合理性，使得与你合作的好处大于成本负担，是让捐赠者和受让人的关系变得真正具有建设性的关键。这相应地意味着你要认真考虑如何管理你们的关系，以及如何针对这种关系的发展做出决定：与谁合作，怎样为他们提供支持，以及如何在必要的情况下，在不给你们共同取得的成果造成损害的前提下结束这种关系。

伊莱恩·温是非营利组织"社区学校"（CIS）的董事会主席，而丹·卡尔迪纳利是该机构的总裁。他们之间形成的工作关系，为这种关切和思考能够给他们所关注的孩子，以及给他们自身带来的回报提供了一个很好的例子。

伊莱恩和她的前夫史蒂夫为拉斯维加斯（他们在这里成就了他们的财富人生）的发展提供了长期资助，他们尤其关注这座城市较高的辍学率。"我们以前开展过奖学金项目，但这些项目只对那些无论如何都会成功的孩子有所帮助。所以，我们决定集中精力关注另一端——那些被人忽视的孩子，"温解释说，"我惊讶地发现，许多因素都会导致孩子面临无法完成教育的风险。我开始近乎狂热，甚至是不顾一切地寻找一个项目，来为拉斯维加斯解决这个问题。"

当来自萨克拉门托市的一个朋友对她提到"社区学校"的创建者比尔·米利肯时，这个机会便不可思议地出现了。"我做了调查，并邀请比尔·米利肯过来与我们会面。他详细描述了 CIS 的理念和方法。"CIS 和各地社区的学校建立了联系，以"有爱心的成年人社区"的名义，将"服务"、"父母"和"志愿者"这三个要素一并带入这些学校，并且与教育专家密切合作。"这种方法让作为一个熟知杠杆作用的商人的我大开眼界，"温回忆说，"我们决定在拉斯维加斯进行一次试点，而这成为我们合作的开始。"

在接下来的几十年，伊莱恩·温不断扩大她和 CIS 的合作，而且现在她担任了该组织的董事会主席。她对于这个组织的支持仍然植根于她对 CIS 模式的信念和尊重。"当我们首次见面时，我们用了很长时间，深入交流了有关这一使命的'DNA水平'。我发现伊莱恩不但理解我们的使命,而且对它充满激情,她还理解这一工作的复杂性。意识到这一点,让我感到非常惬意。"在卡尔迪纳利看来,正是这种理解力促使温给予了更多的捐助,从而为这个组织的成功贡献了更大的力量。"每当我开始抓住机会或者迎接有关领导力带来的挑战时,"他说,"我总是有一个可以依靠和协助我检验最新理念的合作者和领导者,我甚至不需要作过多的解释。不同因素之间的关系如何,它们为什么会成为一种挑战,等等,所有这一切,现在对她而言都成为一种直觉。"

温和卡尔迪纳利建立的合作关系,给错误、风险和合理分歧留出了必要的空间。"伊莱恩鼓励进行试验和探索理念,所以,我不需要感觉到,我必须是完美的,而且,我也不期待她或者比尔·米利肯是完美的。我们都认为,除非你了解彼此的限度,不然,你永远不可能实现结果的最优化。因此,我们彼此间很少出现冲突。"以每周必通电话的形式所进行的频繁的交流,为这种对话创建了一个有效的平台。与此同时,伊莱恩也对她的角色进行了明确定位。她很清楚自己应当如何以及在哪个方面最大限度地为这种合作增值。"我不在第一线,所以,我会设法了解那里的实际情况,但我

第五章 我应当怎样和受让人合作

会把执行权交给丹。我的任务就是让我们始终专注于使命和目标，以及为优先选择项目提供指导。我们应当把精力用在哪里？我们需要解决什么问题？在很多情况下，我的角色就是指导丹做好这些事情。他的理念从来都没有问题，不过我们会讨论执行计划的时机，以及在什么时候把理论付诸实践。"

在卡尔迪纳利和温开始合作的十年时间里，CIS 取得了非凡的进展。该组织现在每年都会接触到包括华盛顿州在内的 25 个州的 130 万个学生。一个严谨的全国性调查显示，CIS 在让孩子们免于辍学的同时，还增加了他们的毕业率。当这个计划根据全国模式被忠实地加以执行时，精通阅读和数学的 CIS 学校的四年级和八年级学生的学生数量，要多于作为比较对象的其他学校。

当非营利组织领导者被问到根据他们的经验，是什么因素决定了捐赠者和受让人的最佳工作关系时，他们必然都会援引三个相同的标准：清晰的沟通，一致的期望，以及彼此的尊重和理解。他们实际上是在说，"如果我们的处境发生了逆转，请按照你希望被对待的方式那样来对待我们。"这听上去很简单，但实际上可能存在很多阻力，哪怕是在只有一个决策者的情况下也是如此。当决策者不止一个时——这种情况在基金会很常见——导致混乱局面和沟通失灵的概率就会成倍地增加。

受让人不愿主动告诉慈善家双方的合作关系应如何进一步发展这一事实，会使彼此的沟通变得复杂化。"高效慈善中心"（CEP）富有创造性的"受让人感知报告"（GPR）为清除这一特殊的障碍提供了一个强有力的途径。确切地说，CEP代表一个基金会对它的所有受让人进行调查，以帮助前者得到一个准确的（而且是匿名的）有关后者如何看待双方合作关系的报告。受让人是否感到满意？基金会怎样做更好？通过为这种重要反馈提供一个可靠的平台，GPR已经帮助了超过190个慈善机构，其中包括盖茨基金会和帕卡德基金会这些知名度极高的基金会，由此改善了它们和受让人之间的关系。

尽管如此，即便是有了类似GPR这样的手段，捐赠人和受让人之间的关系也很少是明确的，哪怕是在最审慎、最具战略眼光的基金会当中也同样如此。非正规的决策过程和既定的流程之间发生碰撞的情况并不少见。当一个捐助人或者家族成员热衷于同基金会的指导方针并不一致的特定项目或

第五章 我应当怎样和受让人合作

者捐助计划时,就可能会出现这种情形。 或者说,沟通过程之所以有可能出现问题,要么是因为一个项目官员没有发出明确的信息,要么是一个潜在受让人听到的只是他(她)想听到的话,并由此死守着虚假的希望。 而且,让受让人始终如一地感受到捐助人的支持总是具有挑战性的,尤其是在他们难以得到尊重和理解的情况下。

生活中没有什么是静态的,你与受让人的关系也符合这一规则。 即便你为一种建设性的合作关系创建了一个平台——通过仔细选择和恰当安排你的资助规模,以便提供受让人完成工作真正需要的资金规模和支持类型——也需要持续的关注力和警惕性,才能够保持较高的生产力。 为什么这么说呢? 因为在实现战略的过程中,你们共同达成的目标可能会随着时间而发生变化。 另外,这种合作关系本身也会随着新的信息出现、新的需求成型和(或者)新的参与者介入而有所起伏。

归根到底,你这一方制定规划的清晰度越高,在各个方面取得的结果就越好,包括你的战略和目标;怎样以及在何时做出采取(或者放弃)行动的决定;你期待看到的阶段性成果和总体成果;以及满足你的申请和报告要求必需的行政负担处理过程。例如，对于前文提到的凯斯基金会而言，每一项捐助承诺都有各自的授权文件，这种文件没有多少法律术语，而是更多地指明了具体要求。"（这些文件）不需要律师过多地参与其中，"琴·凯斯评价说，"围绕我们各自的职责，我们希望看到什么样的回报，以及在此过程中我们将如何对结果进行评估，对双方都提出了书面要求。我们通过资格审查设法确定各自要做的事情，以及不会去做的事情。"

此外，当你要求对方提供信息时，你就要使用它。要让你的受让人知道你正在使用它。非营利组织领导者感到受挫的一个最常见的原因就是，他们被要求就他们的工作表现和进展情况提供详细报告，但根据他们大多数人的经验，他们往往不会得到任何反馈。正如非营利组织领导者经常感叹的那样，"我的高层团队花了数百个钟头准备了详细的材料，可是我怀疑没有任何人读过。即便他们果真读过，我们也的确没有听到任何反馈。"具有讽刺意味的是，与你的受让人一道审查和讨论这类报告，可能是你们的合作关系最具建设性和生产力的途径之一。

善始善终

任何捐赠者和受让人的合作关系都不是永恒的。在谈到慈善工作时，非营利组织"城市建设者"——该组织的唯一目标是为纽约的特许学校经营者进行房地产开发——董事会主席布赖恩·奥尔森，强调了它与投资管理之间的相似性，尤其是当涉及退出资助计划时。"在投资领域，"他解释说，"你总是盼望为你的投资组合增值。这是一项严格的要求。而且，这对于管理完善的慈善项目组合也同样适用。这有时需要你中断过去的合作关系。但是，假如你的目标是尝试使用你拥有的有限的资源去实现最大的社会效益，那么为了提高你的慈善项目组合的价值而中断某种合作关系，就常常是一种必然的选择。"

无论是减少资助规模还是完全退出一种合作关系，这样的变动对于捐赠者和基金会而言都是"重要时刻"，而且值得做出仔细的安排。这不仅意味着你正在向你将与之脱离关系的受让人表明你的价值观，而且也意味着把你的价值观传递给其他可能希望对其施加影响、或在未来与其合作的非营利组织和慈善家。 另外，促进平稳过渡的做法，也能够使得即将成为"过去时"的受让人不间断地继续交付结果。 说到底，作为一个慈善家，当你选择退出时，你有责任尽最大努力让你的受让人及其服务对象不会受到任何影响。

就其定义来看，这种变动会涉及减少资助规模，但究竟要做出怎样的安排最终取决于你。 逐渐减少资助金额，提供对等资金，或者为一项即将期满的捐助额外增加几年时间的资助，都是帮助高性能的受让人——尤其是在他们寻找新的捐赠者并使他们加入董事会的过程中——填补缺口的途径。 帮助他们发展一项商业计划，或者为他们解决新问题而涉及的战略提供资助是另一种可能性，比如利用你的影响帮助吸引新的捐赠者，确定新的资金来源，或者安排一项合并或者收购行动。

当你退出合作的原因是你不再信任该组织的战略和（或者）它交付结果的能力时，确保平稳过渡的过程会变得更加复杂。 在这种情况下，你既有可能让你以前的受让人（以及你自己的）的声誉继续受到尊重，也有可能拒绝在这方面进行客观的反思和总结，二者之间具有微妙的差别。 各种方向性的修正和挫折，可能会带来非常宝贵的经验教训，而且如果掩盖真相，就会给每个人带来伤害。所以，你务必要谨慎行事，还要记住最为关键的一点：你的选择将会影响到你和非营利组织曾经共同帮助过的个人或者事物。

不要让合作变成一次"事故"

将捐赠者和受让人的关系概念化的一种方式，是把它视为一个共同目标和一种建设性的工作关系分别位于 X 轴和 Y 轴的矩阵。以高度一致性和高度生产力为特征的真正意义的合作关系，位于矩阵的右上角。被大量具有彼此对立的战略和功能失调的关系的机构所充斥的左下角，是意外事故的发源地（参见这部分内容的相关图解"你和受让人的合作情况怎样？"）。

让一个新的合作关系有一个良好的开端，是到达合作关系所在象限的一条捷径。但实际上，你一方面总是需要面对严峻的事实（以及熵的力量），另一方面又拥有做出改变的动力。有效的合作关系是随着时间推移被有意识地建立起来的。 当情况发生改变,或者在合作关系当中的任何一方有新的参与者加入时,你可能会从中感受到无穷的善意。 可是,如果善意被视为理所当然,它就一定会在不知不觉中消失。

与此同时,共同目标——也即矩阵的战略层面——往往会更具动态性,因为实现战略的过程必然会导致学习,学习过程转而会促使战略发生改变。 而且在这种情况下,假如你试图去做哪怕稍微复杂一丁点儿的事情,也可能导致一个必然的结果,那就是,至少会出现几种和预期并不一致的情况。 所以,除非你和你的受让人能够自由地讨论正在发生的情况,恰当地调整你的战略,使之适应不断变化的现实,不然的话,你们的合作关系就会走向一种给资源造成不必要的浪费的糟糕结局。

慈善事业并不是一次选秀比赛。 有效的慈善家对于怎样分配他们稀缺的资源,必然会抱着严谨和务实的态度。 不过尽量做到公平公正(既要信任对方,也要赢得对方的信任)这一点同样重要。 对于他人的意见和业务专长,以及他们的时间和资源表现出尊重的态度,是极其重要的。 不妨抽出时间,去做一些简单的事情,比如及时回复你的受让人打来的电话,这对于保持你们之间的通信线路的畅通将有很大帮助

（不管在字面意义上还是比喻意义上都是如此）。

良好的动机会自动转变为影响力吗？ 不会。 它们会大幅度增加有能力参与到一种旨在取得结果（以及确保结果随着时间推移逐步改善）所必需的那种开放、诚实的交流当中的概率吗？ 是的。 在下一章（也是最后一章），我们将会探讨如何把那种持续改善的心态应用到你的慈善事业中。

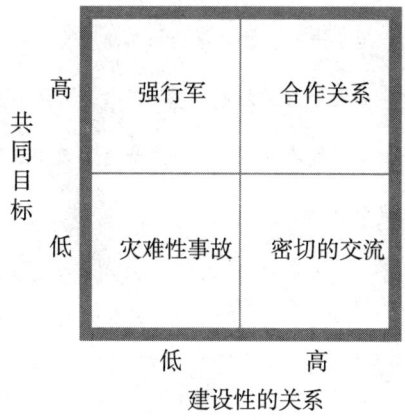

你和受让人的合作怎样？

合作关系：通过创造性的战略、与其他组织的进一步合作，以及更多的金融和（或者）非金融援助手段，经常性地探索依赖和利用成功的合作关系的机会。

密切的交流：围绕目标和（或者）创新理念，积极地探究战略中断的原因。彼此学习；弄清楚总的成果能否通过更全面地支持受让人的战略（或者是让受让人更积极地接纳你的战略）而得到改善。要么接受因缺少共同目标而必然导致的机会的丧失（以及可能由此产生的紧张感），要么共同努力实现目标的一致性。

强行军：通过交流机制的改善、更好的建议和审批流程、更有效的捐赠管理机制，以及实用性更强的报告要求，确定旨在提高生产力的可靠机会。与此同时，了解你能够为受让人增值的领域，比如监督指导、董事会成长、项目专长、技术援助和募集资金。

灾难性事故：共同面对"严峻的事实"。如果不能创造建设性的流程，以便更好地实现战略的一致性和（或者）改善工作关系，那么最好的做法可能是退出合作。

第六章

我能够做到更好吗

这既是本书最有价值的问题之一,也是最难回答的问题之一。说它最有价值是出于两个原因:首先,它完全侧重于你试图实现的结果,并要求你充分了解你目前的实际情况。它所依据的前提是,你的确能够回答这一问题,"我究竟做得怎样?"因为你清楚自己准备取得什么样的结果,你自己的努力在特定领域获得了怎样的进展,以及在共同致力于实现的成果方面,你和你的受让人各自具有怎样的责任。

其次,这暗示出不管你的慈善事业正在取得怎样的成果——无论它们多么出色——你都可以做得更好。"我能够做到更好吗?"是一个涉及持续改进的问题,而不是如何维持现状的问题。它是慈善事业中那种最常见的"快乐谈话"的对立面。这里所说的快乐谈话,指的是像谈论"及格—不及格证分制"(美国评定学生成绩的方法之一,只划分合格或不合格而不设其他等级——译者注)的课程那样谈论慈善事业的进展情况,毕竟,把及格等同于成功和失败是极不寻常的做法（因此很多慈善家也很少谈起他们的慈善事业的"及格"成绩）。

"及格—不及格证分制"的思维模式，会使决策者无须过多考虑实际成果，这样就容易逐渐导致他们产生自满情绪。 与之相比，"做到更好"这一定位，意味着你的实际成就可能不是一目了然的，而且在大多数时候，你都没有尽到自己最大的努力，从而没有实现最大的成就。 在慈善事业中，有意识地让自己做到更好，在本质上完全等同于要求自己在职业方面做得更好，或者等同于不断致力于减少在前进路上面临的障碍。 不断坚持学习，会给你自己带来"复利"的回报，确保你在付出既定的努力的前提下得到越来越多的"本息"。 不断研究捐赠的艺术，你就能够通过复利计算的"魔法"增加你给社会带来的回报，这非常类似于（尽管其间没有算术上的确定性）利息为5%的100美元产生的投资回报在10年后将会超过160美元的情况。

"我能够做到更好吗？"是一个具有挑战性的问题，因为它意味着直面一个基本的、让人感觉不适的事实：做到更好是你的一种选择。 当你的医生建议你采取一种更健康的饮食习惯或者每天坚持锻炼时，你可能会决定采纳她的意见——至少在一两周时间内要做到这一点。但是,若想变得更加健康,你需要每天付出努力和长期自我约束。尽管我们如今可以得到各种形式的信息和反馈,但绝大多数人都选择不让自己变得健康(也许直到他们有一天心脏病发作和中风才会做出改变!)。在这方面,你必须具有为了让自己更加健康而每天坚持锻炼的强烈个人动机。要想在慈善事业中做到更好,也必须满足这一原则。

为什么非要如此不可呢?除了能够为社会带来更大的价值以外,做到更好对你本人同样也具有重要价值。"不管付出什么代价,不管它过去和现在的规模如何,我始终都想让我的基金会成为'班上的优等生',"一个大型家族基金会的那位高龄捐助人最近对我们说,"大多数基金会取得的效果都不突出;我想让我们的家族脱颖而出。我的遗产太重要了,它们必须用于实现这一目标。"

就像这个捐助人一样,如今许多正在资助基金会的人在竞争激烈的商界一直都是赢家。在自己能力的范围内,致力于成为"优等生"这一根深蒂固的个人化动机,也被带入到他们的慈善事业中。他们希望充分利用资源,推动创新,并根据不断变化的情况制定新的战略。他们不满足于"及格或

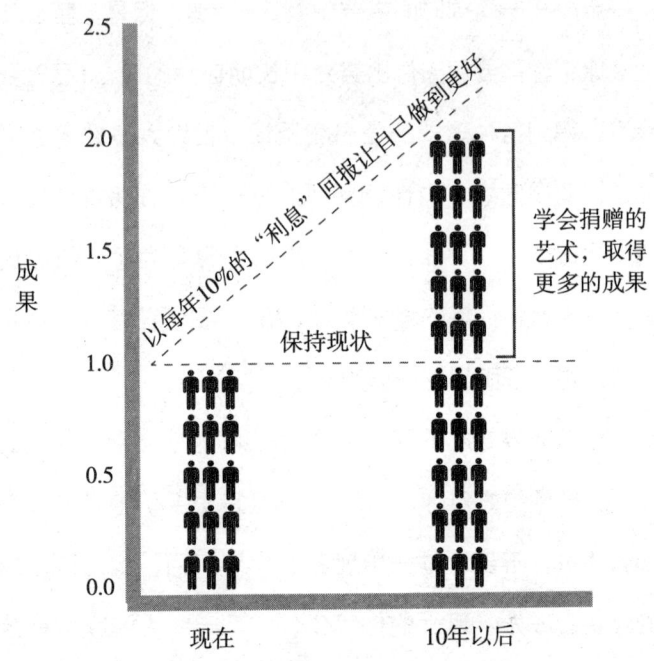

复利的"魔法"能够促进你的成果吗?

者优良"。

如果你是他人的金钱的管理者,你就有更大的责任做到更好。在道德层面上,家族成员、托管人和基金会总裁都有责任让自己付出最大努力,否则就会削弱捐赠者希望创造的价值,也会减少社会得到的回报。史蒂夫·希尔顿——美国旅馆业巨头康拉德·希尔顿的孙子和康拉德·N. 希尔顿基金会的现任总裁——就深知这种责任的力量。

"对于基金会将要做的事情,康拉德·希尔顿的遗愿给出了明确的指示……这不仅仅是一种法律上的授权,也是一种道德上的责任,"他评论说。董事会每个成员都会签字认同一份文件,不仅承认而且承诺尊重康拉德·希尔顿的"减少痛苦、不幸和贫穷"的目标。基金会领导者都非常重视他们履行实现康拉德·希尔顿的梦想这一职责,并且也会根据他们所处时代的需求做出回应。

回避"我怎样做到更好"这个问题,意味着接受现状,最终会导致一切努力发生偏离并走向平庸。就慈善事业的成绩而言,它在总体上勉强达到了"平均值"——而且考虑到没有竞争者和缺少市场动力这一背景,这个平均值可能非常低,甚至可能在及格线以下。做到更好和追求卓越应当是基本的选择。而且,做出接受这种选择的勇敢的决定,意味着你要把一件事放在最重要的地位,那就是要学习。

只有学习才能进步

生活提供了让一个人成为幸运者的诸多途径,但是要想做到更好,确保一天比一天变得出色,就需要学习。这不但适用于商业界的领袖、演员和医生,也同样适用于慈善家。它可以应用到各种技能的培养中(比如如何改进打高尔夫球的技巧),也能够应用到我们的个人生活中(比如如何成为好的父母)。由于自满的心态或者狭隘的观念,当个人和组织习惯于他们的既定模式时,他们就会抑制真正意义上的学习冲动。几乎所有的行业(比如美国汽车制造业)都掉进了这个陷阱。而且我们都知道,有些人似乎在三四十多岁就不再学习了。学习需要某种程度的谦虚,需要承认你可能不知道或者会产生误解的东西,也需要为了不断进步而付出时间和精力的决心。

当你真的想让自己变得更出色时,你不但要坚持学习,还要知道如何学习。事实上,你很容易被各种信息所干扰,有些信息看上去很有趣,但未必和你的事业有密切关系(毕竟，你似乎有机会获得无限多的数据和各种彼此冲突的观点）。最有用的学习过程所源自的信息，应当能够帮助你做出更聪明的决定：怎样制定你的战略规划（例如，需要为哪些项目和组织提供资助，以及投入多少金钱），以及如何更有效地展开实际行动（比如，是否要加强一个关键的受让人的组织能力或者金融能力，如何使用你的个人时间，以便培养你和重要的利益攸关者的合作关系，等等）。类似这样的决定，总是需要你做出艰难的权衡。

在这种情况下，你的受让人可能成为这种有价值信息的来源的一部分，这并不奇怪，因为你的慈善事业的成功取决于他们的成果。因为这种相互依存性，世界上任何规模的捐赠，都包含对于定期提供有关"更新和进展"的报告的需求。捐赠者会逐渐希望在这些报告中看到定量数据，似乎不断跟踪这些数据就能够看到实际结果。我们所了解的一个捐助人是这样表述的：

"我辛辛苦苦地工作了几十年，为许多人创造了工作机会，挣到了很多钱，也交了很多税……我不欠社会一分钱。但是，伙计，我现在关心的是如何把我的钱交出去！我的慈善事业是我做出的一种自愿投资，我需要为未来几代人服务，为我的孩子和他们的孩子将要成长的世界服务。如果拥有像我这样的资源和财富的人都没有选择站出来为社会服务，那么还有谁能够这样做呢？我不需要慈善嘉奖，不过，我需要确保我辛苦挣来的钱得到更好的利用。我需要确保我送出去的每一分钱都能够换来看得见的结果。"

问题是，越来越侧重于结果的心态，对于评估的范围、何时评估以及如何评估，也会造成一定程度的混乱和不一致。社会影响可能是极其难以量化的，而且为了得到关注，饱受资金困扰的非营利组织领导者即便没有数百种也有数十种竞争性的工具。在捐赠者这一方面，由于他们当中许多人总是过于积极地把自己特定的评估要求强加给受让人，不间断地询问得到的数据究竟如何产生增值作用，这就会使混乱程度成倍地增加。

这意味着应当放弃评估吗？完全不是。然而，这的确意味着应当深思熟虑，而且要和你的受让人一道工作，以便了解你们都认为最有助于为后者必须做出的战略和可行性决策提供信息的评估手段。不妨引用马里奥·莫里诺——"风险性慈善合作组织"的一个创建者，也是我们所知道的知识最渊博、考虑问题最全面的慈善家之———的观点：评估是达到目的的手段，它本身不是目的。目的就是帮助非营利组织为他们所服务的群体和事业创造更大的价值。这相应地需要真正弄清楚我们想要带来的改变，了解最有助于确定我们怎样开展工作的信息，并使用这一信息指导关键性的决策和行动。

既要和受让人一起学习，也要向他们学习

在非营利组织和非政府组织当中，评估用于三个完全不同的目的：责任（我们的捐赠者想要用他们的钱换来什么？）；持续的改进（根据已经取得的成果以及现在所了解的情况，我们怎样才能做到更好？）；以及产生影响的证据（我们目前看到的结果真的和我们的组织所做的工作相关吗？）。归根到底，围绕评估手段与你的受让人展开有效合作，首先要弄清楚"为什么"，也就是你试图达到三个目的当中的哪一个目的。

当你根据责任归属评估你的受让人在第一线的表现时，你实际上注重的是记录分数。这相当于是慈善的一次期末考

试，考试涉及的真正问题是："你交出了我在花钱聘请你时希望你交出的结果吗？"记分的做法本质上是向后看而不是朝前看：它会告诉你所发生的情况，但未必能够告诉你这种情况为什么会发生，或者下一次如何改进。这是必要条件，但不是充分条件——如果你和你的受让人都致力于实现更好的结果的话。

相比之下，当你把评估手段看成是用于学习和改进的一种工具时，它就会变得更像是进行诊断的一次测验或期中考试。这当中涉及的目标不仅是要了解组织所做的事情，还包括它的优点和缺点，以及它接下来可能需要做出怎样的改变。在这种情况下，你就更像是一个教练而不是一个记分员。用于学习和进步的评估，类似于商业领域常见的"性能管理"：收集有关一个组织的项目和行动当前的定性数据和定量数据，以便确保它的领导层能够及时地做出更好的决策。

当你为了取得有效结果而做出安排时，你收集的数据就能够为学习、调整和创新提供一个出发点。它本质上是朝前看而不是往后看，而且有助于证实项目如何才能够得到改善，受让人怎样才能得到更好的服务，以及组织的创新理念

第六章 我能够做到更好吗

是否如期望的那样正在发挥作用。

用于评估的第三个理由——通过评估确定产生影响的证据——近年来已经吸引了广泛关注，因为慈善家和政府资助者对于证明其自身有效性的项目的资助越来越感兴趣。影响评估是一次性的评估，旨在用来证明一个特定项目已经带来了预期的改变。它有助于回答"性能管理"不能够解决的因果关系问题。例如，如果一个城市职业培训项目的大量参与者成功地找到了就业机会，影响评估的主要内容，就是尝试确定他们的成功是否得益于这一项目，或者是否有其他因素（比如当地经济的复苏）在起作用。

也许最知名的影响评估的形式是随机对照试验（RCT），一种起源于医学界的科学试验。通过随机分配一些人接受服务或者不接受服务（由此创建一个对照组），它能够避免"选择偏移"的出现。随机对照试验和其他形式的影响评估，对某些组织而言是适当的和宝贵的，尤其是在它们的特定发展阶段。譬如说，在美国某个州，一个制定了项目计划并取得重要成果的非营利组织在寻求私人和（或者）政府资助，以便在全国范围内扩大其规模之前，可能需要接受一次影响评估。尽管每个组织都需要有助于自我改善的评估手段,但是能够从某些严格和造价不菲的影响评估当中获益的非营利组织数量其实为数很少。

一旦你明确了评估当中的"为什么",你就做好了去弄清楚评估当中的"什么"——你和(或者)受让人用于学习和自我改善而需要的真正的信息——的准备。虽然这当中的具体细节根据实际情况而有所不同,不过我们都愿意做出这样的结论:最终出现的真正有用的评估手段,将具有战略性、情况适应性和可操作性的特征。

最重要的评估是那种能够为战略提供信息的评估。别忘了,创新理念只是一种理论。理论在本质上是你的最佳猜测方案,而且在一个动态领域,理论很少是十全十美的。它们总是根植于围绕其他人的背景和行为模式所作的一系列假设,因此这些假设需要得到验证,而且可能很快就会过时。如果你资助的非营利组织及其计划在战略上并不可靠,那么你就不可能取得成果(更不要说做到更好了)。

其次,适当的评估手段应当具有情况适应性。有助于改善你的慈善事业的评估手段,应当以你的需求和受让人所处的发展阶段为基础。如果你正在向一项风险性相对较大的新的事业做出提供长期金融资助的承诺(比如资助一个帮助辍

第六章 我能够做到更好吗

学青少年的拯救型计划或者是致力于减少城市贫困），就需要可能有助于检验和完善你的创新理念的评估手段。相比之下，假如你正在资助购置用于保护区的土地或者为你的母校提供一笔大宗捐助，你就可能会得出结论：你不需要任何评估。

根据你的受让人的情况，也能够确定不同的评估需求和方法。譬如，对于针对辍学者的尚不成熟也未经检验的助学计划，需要验证它的最初效果以及完善它的项目模式的基本评估手段；具有一种可行性战略的传统的环保组织，可能会更多地从有助于它扩大规模和自我复制的评估手段当中获益。

最后，适当的评估手段应当具有可操作性。本书的基本前提是，能够做出更明智的决策的慈善家，都能够取得更好的结果。这意味着有价值的评估手段是那些能够为决策提供信息，并且有助于改善决策的评估手段。如果你不能够把一项特定的评估手段与你（或者你的受让人）需要做出的决策联系起来，它就可能是不必要或者没有价值的。

支持你的受让人不断改进

个人和组织都倾向于从两种不同的经验中学习：什么是有效的，什么是无效的。与成功相比，失败经常是更好的老师。可是，我们大多数人都觉得，面对我们的短处会让人感到不舒服，更不要说当着别人明确承认这一点。所以，我们总是强调自己的成绩，漠视自己的不足（或者是漠视管理专家吉姆·柯林斯所说的"严峻的事实"）。这样一来，我们就会限制自我改进的能力。

慈善事业几乎能够为这种逃避和自我欺骗创造一种近乎理想的环境。受让人没有任何动机主动向捐赠者报告"错误"，以免他们的声誉遭到贬低，从而给未来的融资带来不利影响。这并不是说他们试图有意欺瞒他们的资助人；原因仅仅在于：和坏消息相比，好消息更有可能给他们带来帮助。

另一方面，捐赠者想要知道，他们的捐助是否获得了回报。不过，他们并非一律倾向于严格探究其资金究竟在哪里被"浪费"。这种情况在大型的传统基金会当中尤其普遍，因为项目官员必须获得资金预算所必需的有效的内部支持，所以有时会对不必要的浪费"网开一面"。共同的激情经常带来一种倾向性，那就是不管数据可能具有怎样的暗示，双方都愿意相信（而且希望）能够取得最好的结果。由于这种人性的动态化使然，有缺陷的非营利组织的战略和糟糕的执行过程，可能在相当长的时间内占据主导地位。

考虑到这些现实情况，你将如何对待你和受让人之间有关工作进展的交流过程，将会传递一个重要的信号，那就是你是否愿意听到全部事实，还是只想听到好消息。假如你更想成为一个教练而不是一个裁判，传递有关这种意图的信号的最佳途径，就是本着合作精神提出恰当的问题。

恰当的问题是什么？从本质上说，它们就是那些你用来评估你自己的实际表现的问题："你想实现的结果是什么？""你实现结果的战略是什么？"（换句话说，你的创新理念是什么？）以及"为了检验你的创新理念，你需要什么样的信息？"其目的就是帮助你了解你的合作者在哪些方面正在取得进展，他们在哪些方面可能需要做出改进（譬如项目效果或者组织能力），在哪里可能存在革新的机会。

在很多情况下，这样的问题可能尤其有用，尤其是在你资助的非营利组织或非政府组织还没有可以使用的合理评估手段的情况下。原因是，这些问题能够证明评估和使命之间的关联性。评估可能成为一种令人生畏的挑战。经验证明，当一个组织的领导者能够真正理解有价值的数据如何帮助改善他们为其服务对象创造的成果时，这样的评估就更容易为他们所接受。

与受让人合作，建立有助于他们做出最重要的战略和可行性决策的评估体系，还意味着他们跟踪的数据可能同样适用于其他捐赠者。绝大多数非营利组织都有很多资助人。如果每一个资助人都建立起他（她）自己的一套关键性的评估手段，那么非营利组织的资本成本就会迅速上升，而获得有用信息的概率就会下降。所以，假如你资助的组织已经拥有较好的评估体系，那么在为他们开发新的评估体系之前，不妨听一听他们的提议，并且给予认真的考虑。

更为重要的是，只要你不那么过于苛刻，就有可能为你的受让人的学习和持续改进提供更大的支持。在本书第四章，我们讨论过非营利组织经常面对的至关重要的能力建设问题。如果绝大多数非营利组织都很难抽出人手和时间完成基本的工作任务，例如对于雇员的能力检验和当前的财务规划，那么你就不妨考虑一下，评估行为在多大程度上有可能像是那种"可以拥有"、但不是"必须拥有"的活动。对于大多数非营利组织来说，评估过程可能会使其产生这样的感觉：它就像是在已经充满各种负担的情况下额外增加的一种成本负担。但是，对于想要取得更好的结果的你和他们而言，评估是必要的手段。作为一个捐赠者，你只要帮助他们建立做好这件事情的能力，就能够为你们的合作增添更多的价值。

正如我们看到的那样，绝大多数捐赠者都不愿支付间接成本。就学习而言，这可能会成为一个尤其重要的问题。如果捐赠者不愿提供充足的资源用来建立模型、检验概念、鼓励反馈和衡量有效性，更不要说投资聘请和培养一个有能力的组织，那么，这就如同拥有一辆油箱里始终没有汽油的高性能的汽车，因为你必然"行之不远"。你应当为那些用于收集和比较数据的评估体系提供资金，应当满足新成员监督评估效果的需求。要做到更好，你就需要投入金钱，但这是一笔可能给你带来巨大回报的金钱。

我会成为一个更出色的慈善家吗

几年前，我们的一个做私有股权的朋友对他的妻子夸耀说，一家投资组合公司首次发行的私募基金，让他刚刚意外发了一笔大财。"亲爱的，"他的妻子回答说，"只是因为你有了钱，并不意味着你很有头脑。"她的直率的反馈是一种提醒，那就是，成就来自于谦虚而不是自负。对慈善事业而言，其中的潜台词就是：拥有金钱和拥有答案不是一回事。假如你没有经常性地问自己"我能够做到更好吗"这个问题，你就势必不可能充分地运用你的潜力。

对于康尼·达科沃斯而言，慈善事业始终是一个不断延续、而且有时会耗费整个身心的学习之旅。在从高盛投资公司——她是第一个成为其销售和贸易合伙人的女性——退休以后，她受邀进入了美国国务院的美国-阿富汗妇女理事会。就像她所描述的那样，该理事会的目标是"确保女性在新的阿富汗的政治领域拥有一席之地"。这一经历，让早就是一个活跃的慈善家的她体验到了新的激情。"我到了（阿富汗）那里，看到女性的处境，就产生了尽快采取行动的强烈愿望。在结束了我的第一次阿富汗之旅后，我就对自己说，'我要做点儿事情，'虽然我当时并不知道，我要做的这个事情究竟是什么。"

达科沃斯认为，经济权力能够帮助女性把握她们自己的命运，因此，她所说的"做点儿事情"，顺理成章地转化成了这样的实际行动：她资助建立了一个被称为阿尔祖的非营利性质的社会企业，这个名称来自达里语（现代波斯语的一种，主要为塔吉克人使用——译者注）的"希望"一词。她最初倾向于让阿尔祖专注于服装加工，不过她很快就发现，这一工作并不符合这个国家的状况和传统习惯。一个最重要的原因就是，女性不能够离开她们的家庭环境（哪怕你已经为她们建立起一座工厂）。适合做的项目是制作地毯，一项适合女性的、以家庭为基地的传统行业。

通过实地了解诸如此类的现实情况，以及从别人的实践中获得的经验，达科沃斯最终帮助阿尔祖工厂成为阿富汗最大的私营性质的女性雇主之一。她资助建立的是一个服务于农业地区的事业，尽管其他大多数经济发展项目都陆续遭到失败，但这一项目始终繁荣兴盛（地毯的销售额已经覆盖了阿尔祖的运营成本的45%）。她还把工作机会与教育和卫生——尤其是孕产妇和婴儿保健——联系在一起。例如，在雇员家庭，所有15岁以下的孩子必须上学，而所有女性必须参加当地的文化扫盲班。在一个拥有世界上最高死亡率风险的国家（因为难产的原因而导致15岁女孩死亡的几率是1：11），在得到阿尔祖关怀的女性当中，没有任何人死于分娩期。而且，最后（但并非最不重要的）一点是，阿尔祖工厂已经成为农业地区可持续发展的一个学习实验室，同时也成为军界专家所称的"远征经济学"的开创性模式。

这一切对于达科沃斯本人具有怎样的影响呢？用她自己的话来说，"难以置信……这一经历让我大开眼界，虽然我在高盛投资公司工作多年，但我还是第一次接触到那么多有趣的人，他们来自各行各业，他们当中有发展中国家的公民，也有美国的科学家、设计师、海军陆战队队员，以及美国西点军校经济学系的师生。无论是从个人体验还是从精神层面上，这样的经历都极大地丰富了我的人生。看到你能够对他人的生活和某些所谓'无法破解'的难题产生影响，必然会让你体验到极大的满足感。而且哪怕这种影响很小，它毕竟都是真实存在的，更何况实际上它是那样显著。"

致力于持续改进的慈善家，会花大力气寻求能够帮助他们做出更好决策的信息。他们参加各种会议，阅读各种资料，查阅相关网站，并向专家和其他支持（或从事）他们所关注的事业的人学习。通过资助试验活动，委托别人开展研究，分享发现成果，他们帮助建立起新的知识结构。为了了解他们自己的表现，他们会通过直接或者匿名的方式（比如通过"高效慈善中心"所开展的调查）从他们的受让人那里征求反馈意见。同样重要的是，他们会走出去，到第一线了解他们的事业的进展，聆听他们的帮扶对象的心声。

但是，慈善家还必须牢记一点：无论你是通过捐赠者指导型资金提供捐助，还是通过个人化的家庭基金会分配善款，或者是领导一个定期为雇员提供薪酬的大型基金会，用来开展你的工作所需要的时间，总是远远超过你为改进工作而分配出来的时间。这一自然定律既适用于个人捐赠者，也适用于拥有上百人的基金会。你每周都会面临的一个严峻的现实就是，你从来都不会有足够多的时间把所有事情做完。顾问、学者、专家和权威人士或许能够就如何改善你的慈善事业提供第一流的见解，然而，他们未必会与你展开类似上述的交流。在现实世界的大多数时间里，更多的人关注的是

"跟上潮流"而不是"做到更好"。

因此，我们愿意冒着过于简单化的风险，建议你在自我改进方面应当侧重于两个关键性的问题："我的慈善事业取得的结果能够同我渴望看到的成功相提并论吗？"以及"我正在明智地使用我有限的资源吗？"

我的战略走上正轨了吗

对于主要慈善活动就是把金钱提供给合格的非营利组织的慈善家来说，他们围绕自我改进这一目标（正如我们之前探讨的那样）的首要任务，就是在选择、资助和支持受让人方面做得更好。当你和你的受让人对于成功具有同样的定义时，有关你的表现的"记分卡"，就是他们对于实际结果的记录。例如，假定你支持当地的一所特许学校，而且你渴望看到的成功是百分之百的毕业率，那么，每年的毕业生数量将会确切地告诉你的慈善事业的进展情况。同样，如果你对于成功的定义就是保护好一处上千英亩的盐沼，而且你资助了大自然保护协会从事这一工作的一个项目，那么，倘若他们的项目取得了成功，那也就意味着你取得了成功。

不过，我们也不妨假定：你对成功的定义不仅仅是对上述这些特定的组织和项目提供相应的支持。如果你的真正的目标是改变当地校区的面貌，或者是保护整个河口地区的生态，那会怎么样呢？在类似这些情况下，你的受让人或许正在取得预期的结果，但是你可能并没有在实现成功。

这种差别并不只是语义上的。当你目前为之负责的结果是一个规模较大的整体的一个组成部分时，你还需要看到在其他地方的进展情况，这样你就能够检验出，那些推动战略的创新理念所蕴藏的前提和假设是否仍然有效。简而言之，你需要学习。而且，你学习的结果可能是最终将会发现，你需要调整你的方向，正如吉尔基金会在为全体美国人寻求同等权利的过程中所做的那样。

蒂姆·吉尔是位于丹佛市的夸克软件公司的创建者，也是一个同性恋者。在1992年，科罗拉多州通过投票方式通过了第二修正案，拒绝在法律上为男女同性恋者提供同等的保护。尽管美国最高法院最终否决了这项修正案，但吉尔决定在他的家乡州和在全国范围内提高人们对于同性恋权利的认识。1994年，他创建了吉尔基金会，该基金会现在是男女同性恋者、双性恋者和变性者（LGBT）的民权工作领域最大的资助者之一。

基金会的一项战略是在州一级的层面上，集中力量推动有关确定因歧视和仇恨导致的侵害行为属于违法犯罪行为的立法。然而，在经过几年的工作以及在通过几项新的州法以后，他们发现，立法并没有在本质上减少这些犯罪的发生率。要实现真正的改变，需要强有力的立法执行措施，以及警察和公诉人的紧密配合。作为回应，该基金会把战略重点调整为强调立法的执行，并最终在几个州都取得了实际成果：自2000年以来，针对LGBT的仇恨犯罪的发生率总体下降了22%。这意味着最初的战略远远算不上是一种失败，因为如果当初没有通过立法，有效的执行措施就无从谈起。

你的创新理念涉及的未知因素越多，对于其中蕴含的假设进行检验和更新（如果有必要的话）就越重要。戴维和露西尔·帕卡德基金会的实践证明，定期回顾你的创新理念，可能非常有助于推动一项极为重要的事业取得真正的进步。

保护和恢复地球的自然系统，是帕卡德基金会的慈善事业的核心使命之一。为了这一目的，它的海洋渔业计划专注于改善这个星球的海洋和野生鱼类资源的健康性。作为这一努力的一部分，帕卡德基金会在1999年启动了"海产食品选择计划"，一项旨在增加对于可持续性的海产食品的需求和供应的计划。因为没有任何明确的证据表明，要取得这样的结果必然会发生什么情况，因此帕卡德最初花费了几年时间进行一系列试验，涉及范围从意在说服厨师和消费者避免选择过量捕捞的海洋产品的宣传行动，到鼓励全世界渔民采用更具可持续性的做法，等等。

长期以来，帕卡德基金会领导层将对于学习和持续改进的承诺视为他们从戴维·帕卡德那里继承的遗产，以及后者在休利特-帕卡德基金会创造的文化和实践活动的一部分。所以，在2004年，他们开始评估他们的早期努力并重新分析了他们的战略。他们阅读了大量媒体、市场和资助的报告。他们从重要的企业家、研究者和大学教师那里获得指导意见。他们了解到的事情之一就是，可持续发展越来越成为全球关注的焦点，尤其是在大型海洋零售商当中。由于有了这一新的信息，帕卡德基金会重新审视了它的一系列海洋保护赞助方案。它决定削减旨在提高意识的宣传行动（该行动对于个体消费者的行为似乎没有产生任何直接和迅速的影响），而是加倍地努力去影响那些大型买家。

在2007年，该基金会展开了新一轮的研究、回顾和重新评估。在零售商当中，对于可持续性的兴趣仍在持续增加；而且，和过去的情况一样，研究结果既确认了当前努力的价值，也指出了新的需求，其中包

某些慈善家会定期重新审视他们的战略（譬如，每隔三年到五年）。对于其他资助者而言，促使他们作出调整的要素，是他们正在运转的战略的背景突然发生改变。资助方向的改变和政府立法、科学技术的突破，以及公众态度的变化，都可能会让一个雄心勃勃的捐赠者重新调整战略规划。在过去的几年，这类"催化剂"在从卫生保健到教育和环境这些领域的作用一直都很明显。而且在这些领域当中，旧有的慈善战略很可能会成为过时的战略。

我能够合理分配我的资源吗

正如检验和优化你的核心创新理念是持续改进的一个基本维度一样，对于资源分配采取严谨和务实的态度也同样如此。如同传统投资领域的情况一样，在慈善事业中，资源分

配对于确定你的慈善行动的进展情况极为重要。特定捐助额度的相对规模及其周期，以及是否应给捐助额度规定上限，这些要素都有助于确定你的慈善累积的"投资回报"。然而，我们从第一手经验知道，驱动相关决定的因素可能源自一个人的心血来潮、内部政治和随机事件，也可能源自任何形式的严谨和周密的思考。让我们看看下面的案例。

在一个宴会上，一个捐赠者的朋友主动向他谈起了在美国中小学生当中存在的肥胖问题。捐赠者受到他的朋友的激情的强烈影响，于是便向他的基金会的董事会建议，他们应当给他的朋友的非营利组织提供一笔大宗捐助。该基金会多年来专注于流离失所的家庭的问题，在卫生保健方面没有任何经验。不过，尽管存在一定程度的反对意见，而且也没有做任何项目分析，董事会还是批准了这项捐助。

某个家族基金会的首席执行官承认，受让人需要获得100万美元的资助，才能够完成一项有望为项目参加者提供有效帮助的计划，但他坚持认为，基金会最多只会拿出10万美元启动这个项目。这个非营利组织急于检验他们的这个有前途的新方法，所以，尽管存在短期内无法弥补的90万美元的缺口，他们还是展开了行动。由于资源不足，结果是令人失望的。捐赠者现在确信，那个项目从一开始就是一个糟糕的想法，所以他们取消了赞助，导致那个原本有望成功的慈善行动化为泡影。

一个每年捐助1000万美元的大型基金会在四个大洲有数百个活跃的受让人，后者开展的事业多种多样，从全球变暖到越南的自行车安全。基金会向每个受让人承诺的平均捐助额度是多少？不到7.5万美元，周期不超过18个月。

这些匿名但却无比真实的案例，代表着慈善家最容易掉入的三个最常见的资源分配陷阱：盲目的激情，错误的估算，以及"花生酱慈善"。当你正在做出一项决策时，盲目的激情会让你的感性凌驾于你的理性之上（这一问题绝不仅限于慈善领域！）。缺少我们在本书中不断强调的冷静思考过程，个人议程就很可能会掩盖战略的优先选择。错误的估算也经常会导致意外伤害，因为它不能够提供完成任务真正需要的资源。所谓的"花生酱慈善"，就是指慈善资源过于分散，以至于它们实际上都遭到了浪费。当小额度的捐助资金用于解决小问题时，这当中没有什么本质的错误。但是，当需要解决的问题所需的成本超过捐助额度时，这样的捐助几乎永远都不可能带来有意义的结果（尤其是当与你自己的实际愿望加以比较时）。

甚至就连最谨慎的捐赠者也会不时地掉进这些资源分配的陷阱。为了对抗这些自然的冲动，一个人在决策过程中必须做到高度自律，并且要具备足够稳定的战略性。

你如何管理你的时间以及你和外部世界的关系，也是资源分配的决策内容。除了与你的受让人确立建设性的关系以外，你如何与其他捐赠者、政府组织、专家和你感兴趣的领域的领导者打交道呢？你们之间是否具有以彼此尊重为特征的创造性的关系呢？你会向那些更有经验的人学习吗？你能够真正从你的机构以及你的受让人之外的组织和个人的观念那里获益吗？或者说，你是否总是闭门造车，把你的观点和战略兜售给其他人，然后等待（通常都是徒劳的）他们对你的宏伟计划做出回应呢？

一般说来，慈善家都会高估他们的个人影响力，并且低估所属领域的其他人的经验和见识。这会导致两个问题：依靠那些很少能够把理论变成现实的人所采取的行动（例如，为他们并不擅长的计划提供金钱）；做没有价值的事情并犯下本可避免的错误，因为其他人的经验和已有的知识都被忽视了。

通过交流可以带来学习机会。吸收其他组织和个人的知识，能够在很大程度上使你的努力取得成效。然而，有太多的捐赠者坚持单兵作战。这样的情况并不罕见，比如，一个特别缺乏经验（但却高度自信）的慈善家可能会不假思索地宣称："我接触过教育领域的许多领导者，我从他们那里没有学到任何东西。"类似这样的态度将会削弱慈善影响，也会减少学习机会。倘若你的战略需要其他人配合才能够取得成功，这样的态度就尤其会成为一个大问题。

谁是能对我说真话的人

实现卓越需要有效的学习，而学习需要及时的反馈——这一前提条件既适用于个人，也适用于组织。那么，获得有助于学习和推动持续改进的反馈需要什么？简而言之，答案就是要说真话。

对于慈善事业而言，说真话是自负、错觉、一厢情愿、模棱两可和闭门造车的对立面。它是一个致力于不断改进的捐赠者可以获得的最重要的能量来源，而且说真话的机会很

第六章 我能够做到更好吗

容易被慈善事业的金钱、权力和强大的个人偏见的组合——这是一种动态的、有害的组合——所扼杀。除非你能够主动寻求真相,不然,你在很多情况下根本不可能发现它的存在。以牺牲真相为代价的慈善家之间的"快乐谈话",在慈善事业中常常占据主导。那些愿意告诉你什么有效、什么无效的声音,将会消失于津津自得的聒噪声中。

说真话要从你自己做起。你的日常行为——不管你是捐赠者、受托人还是基金会总裁——都会向你的同事传递一个信号,那就是,你是否真正愿意听到各种问题,或者说,你是否更愿意听到他们认为你想听到的东西。国家科学院基金会(NAF)的创建者和董事会主席、花期集团的前任首席执行官桑迪·韦尔,经常与下属密切交流,以便和 NAF 的各级领导者建立起建设性的个人关系。他会经常性地询问高级雇员是否觉得自己有能力承担风险。就像 NAF 的总裁 JD. 霍耶所报告的那样,"桑迪知道……缺少风险承担,革新就无从谈起。而且他意识到,一次大的成功,往往都是以很多小的失败为代价换来的。所以,关键就是你如何从失败中学习。"

当然,人人都会说,他们具有开放的思维,遗憾的是,他们的行动并不总是和他们的说法一致。你上一次亲自征求并且获得"建设性"的反馈是在什么时候？人们会来找你讨论问题吗，还是说，你只能看到预先制定的解决方案？你召集的会议是一种由怀疑态度和支持意见达成的最终平衡的"头脑风暴"，还是每个人都在一味地强行推销个人观念的讲台？你真的想听到率直的反馈吗，不管它多么让人尴尬或者使人感到痛苦？

杰夫·雷克斯对于最后这个问题的回答是一声响亮的"是的"。作为全世界最大的基金会的首席执行官，他非常清楚得到如实的反馈可能多么艰难。不过他也知道，如果没有这样的反馈，盖茨基金会就不可能成功，因为"挑战越大，解决方案越模糊，你就越需要听到有助于创新和学习的广泛意见"。而且就像雷克斯看到的那样，盖茨基金会所从事的无疑是"创新事业"，需要不断寻找能够分享和传播各种成功经验的理念，以便提高全球各地的人们的生活标准。

为了达到这一目的，他寻求创建合理的反馈模式，并通过各种途径找到说真话的人。例如，就在进入董事会不久，雷克斯就让"高效慈善中心"在基金会的所有受让人当中展开调查。当调查报告返回时，它显示出受让人对于基金会的决策制定过程、与受让人的沟通机制以及解释它的战略和目标的方式相当不满。雷克斯没有隐瞒这些批评意见,而是在他的年终公开信中把它们罗列出来(他把这封公开信放到基金会的网站上),同时附上了如何做到更好的一系列行动步骤。

他也以同样主动和坦率的态度接触雇员(他们对基金会的决策过程表现出了同样的不满)、基金会资助领域的独立专家,在专栏和报道中对基金会一直表现出挑剔态度的媒体人。"我可能并不完全同意他们说的话,"雷克斯说,"但是,我需要了解他们的看法并且将其纳入我们的思维过程,这一点很重要。"

说真话也意味着能够接受失败。要想改进,捐赠者必须从错误中学习,尽管在慈善事业中,"失败"就像是一个人们只会在私下里嘀咕,但很少愿意公开谈论的秘密。当被要求介绍他们的失败经历时,那些大谈"风险承担"、"创新精神"的慈善家经常陷入沉默。他们声称,他们这样做的部分原因是为了保护无辜者(通常是受让人)。可是,这其中还有更重要的原因。捐赠者基本上都不愿意承认失败——无论是向他们自己、在董事会会议上还是在同事和雇员当中都是如此。在对于慈善家所进行的几十次采访中,我们发现,只有少数人愿意谈论失败的案例,而且要求不能作为公开发表的内容。

不管某项慈善计划实际上创造了多少价值,那些"头脑"简单的媒体报道,往往都会把任何不够完美的努力称之为失败,这样的做法不会带来任何帮助。给某种事物贴上"失败"的标签,总是会引出这样的问题:失败的原因是什么?是因为没有付出过任何努力吗?是从一开始就没有进行过必要的试验吗?这一逻辑所暗示的是,因为我们还不知道如何治愈癌症,所以,用于资助癌症研究的数十亿美元的基金会善款(包括社会捐助)"毫无意义",这是大多数人都不会认同的一个结论。把失败看成是绝对化的结果,还会限制公众对于慈善的"失败"的过程和原因的了解,这转而将会抑制知识共享和主动学习。

大多数结果都不是二元对立的,而且学习机会存在于各种形式的缺陷和不足当中——通过承认这一现实,某些具有革新精神的捐助者正在从总结失败的过程中获益。罗伯特·伍德·约翰逊基金会已经用了十年以上时间出版基金会年鉴,其中收录了从失败的项目或活动当中得到的经验教训,而威廉和弗洛拉·休利特基金会是把所谓的"失败案例"放到网站上并予以公开的领导性的基金会之一。休利特基金会首席执行官保罗·布雷斯特和他的团队甚至开展"最差决策"竞赛,其宗旨只是为了强化一种说真话的文化。

最后一点,说真话需要说真话的人:那些敢于冒着风险告诉你他们真实的看法——哪怕他们传递的信息会令人头疼而且不受欢迎——的勇敢者。在你的董事会和你的组织当中,以及在你的受让人和你的外部顾问当中,你都需要说真话的人。说真话的人的意见未必都是一致的,你也未必能够从他们那里获得答案,但是,他们的诚实的看法,将有助于你得到解决方案,从而迫使你对慈善事业做出必要的调整和革新,由此就能够更加接近于实现成功。

为什么是"现在"

如果说何时是慈善家挺身而出,为我们的人类社会提供恰当捐助的最佳时机,那么答案就是现在。各种有利因素汇聚在一起,至今已延续了十年之久,甚至是更长的时间。慈善领域的革新不断获得新的动力,对于社会部门的积极影响持续扩大。本书的诸多故事和声音，都能够反映出我们这个时代动态的、乐观的局面。捐赠者正在吸收新的管理者，资助新的试验，形成新的见解，以及挑战旧有的模式。许多人正在运用技术力量推动他们的创新理念，或者是加速知识的建立和传播。随着在有效合作方面存在巨大潜力的证据不断增加，企业、政府和非营利组织之间的界限正在变得模糊。慈善领域的革新并不是新鲜事物：在这方面，20世纪已经出现了相当多的成功故事。真正属于新鲜事物的范畴的，是受到金钱和人才这两种资源推动的革新的规模和动力。

在美国，具有历史意义的"财富转移"司空见惯，在未来的几十年里，由于"婴儿潮"一代的富有和长寿的缘故，进入慈善领域的两代人之间进行的资金流转，可能会变得更加频繁。得益于第二次世界大战以后美国的繁荣，这些人是在一个稳定和富裕的时代成长起来的。他们不仅从他们的父辈所属的那个"最出色的一代人"那里继承了财富，而且也凭借自己的能力创造了前所未有的财富总量。另外，就像"现代管理学之父"彼得·德鲁克在几十年前所指出的那样，卫生保健方面的进步，让他们拥有比过去几代人更长的寿命和更有价值的生活。65岁不再是他们的退休年龄，他们正倾向于根据各种新兴职业对自己重新定位。从某种意义上说,"婴儿潮"时期出生的一代人是"幸运的一代人",他们出生于历史上一个绝佳的时间和地点,现在拥有了数量惊人的资源和个人时间,他们需要考虑的只是如何明智地使用它们。

在2010年夏季,沃伦·巴菲特、比尔和梅林达·盖茨鼓励他们的亿万富翁朋友做出承诺,在他们的有生之年和(或者)在他们去世以后通过基金会,至少把他们的一半个人财产捐给社会。在三个月以内,大约有四十多人公开承认,他们将会做出这样的选择。我们认为,这些行动是我们这个社会将会得到更大帮助的信号。就像安德鲁·卡内基在他的"财富的福音"一文中所指出的那样,个人财富可以以税收形式进入政府,或以慈善形式转移到孩子(他强调说,这很容易宠坏孩子和他们的后代)或者社会那里。这些选择在今天与它们在1889年时的情况没有什么不同。二者的差别就是,慈善资金的比重似乎正在扩大。

研究表明,在21世纪前半期,流入基金会的资金量,将是整个20世纪的资金量的10倍(经过通胀调整之后)。这相当于在一半时间内拥有了10倍的金钱!尽管没有人能够预测出将对全世界造成影响的捐赠者的最终净值的未来经济趋势，但无可否认的是，在未来几十年内，我们的社会得到的捐助，将注定是一个前所未有的财富总量。

美国的人才流动问题很少被讨论，但这个问题具有更大的意义。慈善家正在为实现结果而投入他们的时间和财产。当一个像比尔·盖茨那样富有和成功的企业家在50岁时离开行政管理职位，把全部精力用于慈善事业时，它对于社会而言就是一个标志性的事件。还有其他数不清的成功人士也正在这方面做出表率。

但是，人才流动绝不仅仅局限于富有的慈善家之列。"美国需要教育人才"组织现在是面对常春藤联盟院校和主要大学美国最大的招聘机构。在某些情况下，它已经吸引了超过10%的即将毕业的高年级学生提出申请。在美国老年人当中，通过志愿者职位和有偿职位的形式，再就业的吸引力正在激励他们当中的50岁、60岁和70岁的人从事公共服务。每个年龄段的人，都正在主动地把他们有限的时间奉献给他们关心的社区和事业——这是比任何慈善家的金钱都更为宝贵和稀缺的资源。

提供服务的动机有多种表现形式。例如，最近一项研究的结论是：超过20%的非营利组织高级管理人员都是直接从商业领域转变身份的。随着非营利组织规模越来越大，他们也在正在积极寻求从组织内部以及整个行业当中培养下一代明星人才。各种类型的人才流动，能够借助于旨在有效利用慈善资金的新的概念、新的能量和新的领导层而大幅度推动创新。为了实现结果，人才需要金钱，而金钱需要人才。这两种资源的富足性，能够为社会创造一个前所未有的机会。"做到更好"所面临的挑战，就是要确保这一机会不被浪费，还要确保捐赠者和基金会总裁能够为了成果、学习和创新而不懈努力。

为什么是"我"

从慈善梦想到真正的影响之间的旅程，绝不可能是一帆风顺的。无论你是捐赠者、托管人还是基金会总裁，你都会面临复杂的挑战、艰难的决定以及似乎根本不可能解决的问题。与你努力实现的目标相比，你的资源是有限的。而且，因为你基本上总是与他人共事或者通过他人来为你工作，你对于局面的实际进展很难进行多么有力的控制。常识似乎要求你采取一个更便捷的路径，以便避开那些艰难的问题，而你需要做的，似乎只是按照自己的意愿捐钱，仅此而已。

这对于你以及社会都将是一种损失。其他人（包括尚未出生的一代人）都需要你尽力而为，需要你和你周围的人将追求卓越作为自己的目标，而你真正需要做的，就是让你的每一分钱、每一个钟头都尽可能带来最大的效益。就像你在本书中已经看到的那样，越来越多的慈善家正在做出承担这一使命的承诺。

当我们与成功人士谈起他们的成就时，他们总是认为自己很幸运。他们坚持声称，某些运气——他们所出生的家庭、适当的职业决定以及他们的个人生活的某些因素——对于他们的成功发挥了核心作用。"我抽到了好签，而其他人没有"这一基本信念，已经激励包括安德鲁·卡内基在内的捐赠者确立了高尚的目标，那就是要为那些不像他们自己那样幸运的人提供帮助。

那么，为什么是"我"？很简单，你的慈善目标——你让自己负责实现的结果——瞄准的是你渴望为之服务的个人、社会和事业。这是为了他们的福祉而不是你。然而，从另一个更深层的意义来说，你的慈善行动实际上就是为了你自己。无论你正在捐赠你自己的金钱，还是负责为他人管理金钱，从根本上说，你的慈善事业涉及的是你的价值观、你的人生和你的遗产。你如何对待你的慈善事业，能够明确无误地表明你究竟是怎样一个人。不管你是慷慨还是自私，是明智还是幼稚，是谦虚还是自负，是理性还是冲动，是变得越来越好还是越来越差，你的慈善行动都将做出回答，而你实际上需要的，就是让它为你带来最大的快乐和真正的满足感。

我们要祝你好运，也祝你一帆风顺。

"星期一上午待办事项"清单

在本书中推荐的问题，并不是那种你只需一次性地提出和回答的问题。正好相反，你在整个慈善之旅中很有可能发现，你会在不同的阶段，以不同的方式重新面对其中的一个或者多个问题。不过，你不可能永远提出问题；或早或晚，你都必须做出决定。那么，你如何才能够知道，你是否已经充分地解决了一个问题，从而可以进行下一步行动呢？根据我们的经验，每一个问题都包含某些相对清晰的、有关进展情况的指标。如果你能够划掉你的"星期一上午待办事项"清单的诸多选项，那么，你就极有可能做好了开展恰当的捐赠的准备！

"我的价值观和信念是什么？"

你确定了慈善活动的哪些部分侧重于取得清晰的结果。

你写下了你的价值观和信念。

你和你的配偶、家人以及（若有必要）你的基金会领导者讨论了你的价值观和信念。

与你的慈善事业关系最密切的人都知道你会做什么，不会做什么，以及你关心的是什么。

你目前的慈善项目已经有了明确的定位。

如果你在一段时间内执行了上述操作，你至少有一次已经抽出时间，检验你的价值观能够在多大程度上为你的慈善决策提供必要的信息。

"什么是'成功'以及如何取得成功？"

你对于成功的定义足够清晰，因此，你和其他人都能够根据它对进展情况做出判断。

你能够详细说明支撑你的创新理念的关键假设。

你花时间了解了其他人如何看待你的创新理念的基本要素。

有见识的外部人士（包括你所属的慈善领域的专家）认为你的创新理念值得执行。

所有参与你的慈善事业的决策者（可能包括托管人和雇员），都能够理解并接受你对于成功的定义和创新理念。

你的创新理念不是源自短期利益或者一厢情愿的要求，而是适当的推动资助决策的动力。

如果你几年来一直在贯彻你的创新理念，你至少有一次重新回顾了最初的计划，并总结了哪些做法如你所预料的那样是有效的，哪些做法是无效的。

"我需要为什么负责?"

关于你准备将多少时间、金钱和影响用于某个特定的慈善行动这一点,你向自己和他人作了明确交待。

立场公正、见识渊博的评论家会说,你准备投入的资源与你的战略以及你渴望取得的成功是成正比的。

你明确地考虑过并且能够接受你的战略涉及的风险(战略风险、附带风险和个人风险)。

你非常清楚你不能做哪些事。

其他人会把你描述成是一个善于沟通而且言出必行的捐赠者:你能够承担属于自己的责任。

"完成这项工作需要做什么?"

你确信你在恰当的岗位上安排了恰当的人员来执行你的战略;如果没有,你正在积极地解决这个问题。

你和你的托管人以及雇员通常都会就重要决策取得一致意见；当你们意见不一致时，你们会开诚布公地讨论，而且都会围绕最终决策而共同努力。

托管人和雇员都了解各自的角色和决策责任。

托管人愿意参加董事会会议，因为他们知道，他们的建议是有价值的，而且会得到尊重。

你的受让人会说，你能够以务实的态度对待他们执行战略所需要的资源。

你自己的组织拥有执行战略所需要的资源。

如果你在一段时间内执行了上述操作，你已经定期评估了你和你的受让人是否具有完成工作所需要的能力。

"我怎样和受让人合作？"

你会进行资格审查，以确保你的选择过程和你的捐助条件一样严谨。

你拒绝为其提供资助的组织会说，他们得到了尊重以及公正的对待。

你和你的受让人具有共同的目标；如果被问到"什么是实现你们目标的最高标准"，你们将会给出相同的答案。

在其他条件相同的情况下，你的受让人会选择你而不是其他捐赠者作为合作对象。

受让人充分信任你，会随时随地就严肃的问题与你进行探讨。

你中止为其提供资助的组织会说，你在结束这种合作时，如同与对方当初合作时的情况一样，你都给予了同样周到的考虑。

你拥有一种声誉，那就是你坚持奉行慈善事业的"黄金准则"：你希望别人如何对待你，你就要如何对待别人。

"我能够做到更好吗？"

你能够判断（哪怕你不能准确地衡量）你和你的受让人是否正在为实现你的目标取得进展。

你会从外部广泛收集与你感兴趣的领域相关的信息。

你的受让人会说，作为一个捐赠者，你能够帮助他们做到更好。

你定期地从你的受让人那里（他们可以采取匿名的方式）征求有关你的表现的反馈意见。

你能够说出一个（或者多个）未能按照你所希望的那样产生影响的捐赠项目，而且愿意与别人分享你从中得到的教训。

你会经常接触至少两个以上的敢于质疑你的想法的人。

随着时间的推移，你的慈善活动为社会创造出真正的成果：作为你和你的受让人的服务对象的群体和事业的情况得到显著改善。

鸣 谢

就像在慈善事业中的情况一样,你很难独自完成一本书。取得成果需要合作,需要大量已有的知识。本书也不例外。自始至终,众多同行、朋友、顾问和思想者的贡献,帮助塑造和充实了它的内容。它实际上是许多只手和许多个头脑共同创造的作品。

艾莉森·墨菲的悉心研究,为本书提供了大量可作为对于约尔援引的历史案例的一种补充的当代案例。她的严谨的态度、独到的见解和文字功力,极大地加强了原稿的分量,而她的合作能力,甚至包括她的个人气质和时刻挂在脸上的笑容在内,也是我们能够顺利地通过各种障碍的重要因素。总而言之,她是一个不可缺少的合作者。

苏珊·伍尔夫·迪克托夫是一个非凡的思想领袖。作为在与慈善家打交道方面拥有广泛经验的布里奇斯班慈善咨询公司的合伙人,苏珊不仅使我们变得专注和清醒,而且确保我们吸纳了有关的经验教训——这些经验教训来自于布里奇斯班慈善咨询公司十几年来与其支持的捐赠者和非营利组织的合作经历。

布里奇斯班慈善咨询公司的首席信息专家卡蒂·史密斯·密尔威，负责了这本书的形成过程——从与出版机构之间的最初交流到书稿的最终完成。作为一个有造诣的写作者和经验丰富的行政管理人员，她提供了大量无比珍贵的意见和建议。

布里奇斯班慈善咨询公司的其他许多合作者，都慷慨地奉献了他们的时间和理念，帮助我们细化和改进了本书的内容。总裁杰夫·博拉达赫是本书在形成过程中的一个不知疲倦的读者和支持者。威廉·福斯特、唐·霍华德、理查德·斯蒂尔、杰莉·爱克哈特－奎南、柯尔克·克莱默、艾伦·塔克、凯利·坎贝尔、玛格丽特·博斯伯格和苏珊·科尔比都与我们分享了来自他们的咨询工作、研究和文章当中的见解和案例。每当我们需要他们时，他们就会来到我们身边，并展示出布里奇斯班慈善咨询公司的价值观：影响、尊重、坦诚、合作和激情。

在撰写本书时，我们从一开始就强调了慈善事业的永恒真理——那些能够帮助捐赠者以及他们资助的组织尽可能取得最佳结果的基本问题和相关理念。所以毋庸置疑的是，在

鸣 谢

商业和社会领域的其他人士的成果，对于塑造我们的思维均在不同程度上发挥了作用。也许没有哪个人对于我们的影响能比吉姆·柯林斯更大；他的成果成为我们的许多方法的基石，而他的激情和智慧为我们的整个创作之旅提供了重要依托。保罗·布雷斯特和哈尔·哈维的著作《值得花的钱》，对我们而言是一个宝贵资源，它也应当成为从战略上认真对待慈善事业的其他许多人的宝贵资源。"风险性慈善合作组织"（VPP）的创建者莫里诺，通过 VPP 强大的时事通讯和他本人的无比真诚的忠告，贡献了一系列切合实际的真知灼见。帕蒂·斯通尼弗为我们提供了最初的灵感；她的明智的建议和成熟的经验影响了本书的脉络。在本书逐渐成形的一个特定时期，史蒂夫·希尔顿的慷慨支持和积极的鼓励为我们提供了动力。卡罗尔·拉森、格瑞格·迪斯、菲比·博耶和福里斯特·伯克利阅读了多个草稿，提出了各种建议，并且协助我们起草一些有趣的慈善故事。

一些有才能的慈善家和非营利组织领导者成为本书的重要读者，并提供了贯穿本书的教育方面的例子。他们实际上相当于形成了一个非凡的团队，帮助塑造和推动了本书的成型。我们非常感谢这些人的努力：劳拉·阿里利亚加、卡丽·艾弗里、麦特·巴尼克、修纳·布朗、詹妮弗·巴菲特、鲍勃·布福德、吉姆·卡纳尔斯、丹尼尔·卡尔迪纳利、琴·凯、查尔斯·科利尔、威廉·达蒙、史蒂夫·丹宁、康尼·达科沃斯、乔纳森·范东、鲍勃·费歇尔、约翰·福特、鲍勃·盖、彼得·古登堡、斯蒂芬·海因茨、约翰·胡德、卡蒂·胡德、JD.霍耶、乔安娜·雅各布森、帕特·劳勒、彼得和卡罗林·林奇夫妇、查尔斯·麦科马克、巴纳比·马什、史蒂夫·麦考密克、布赖恩·奥尔森、皮埃尔和帕姆·奥米戴尔夫妇、威廉·普雷斯、杰夫·雷克斯、朱利安·罗伯逊、朱迪思·罗丹、南希·罗布、赫伯·桑德勒、穆尼尔·萨特、约翰·西蒙、爱德华·斯克鲁特、洛里·斯拉茨基、奥斯瓦德·斯滕德、拉里和乔伊斯·斯图珀斯基夫妇、凯尔文·塔基塔、马克·特塞克、达伦·沃尔克、杰弗里·沃尔克、桑迪·韦尔、约翰·怀特海德和伊莱恩·温。

一些出色的组织也为我们思考慈善事业给予了极大的帮助。"高效慈善中心"和它的首席执行官菲尔·布坎南一直致力于帮助捐赠者增强他们的影响。起到同样作用的还有亚当·迈耶森领导的"公益事业圆桌会议"、凯思琳·恩赖特领导的"慈善之家"、保罗·舍维什领导的波士顿学院的"财富和慈善中心"、凯瑟琳·富尔顿领导的莫尼特研究所、马克·克莱默领导的基金会战略集团和梅利莎·伯曼领导的洛克菲勒慈善咨询公司。尤其值得一提的是"慈善动力中心",它的创建者彼得·卡洛夫是慈善领域的一个长于周密思考的先锋人物,他的思想也是许多慈善家的灵感之源。

在慈善事业的诸多评论家当中,我们认为两个尤其能给我们的思考带来启发的人是:肖恩·斯坦纳德-斯托克顿和露西·伯恩霍尔兹,前者的博客"战术性的慈善事业",能够就当前慈善问题提供即时评论,而后者的博客"公益行动2173:专注于奉献的事业",始终如一地以广泛的话题和深刻的见解为特色。

甚至早在与我们签订合作协议之前,PublicAffairs 出版公司就是一个积极的合作者。我们要感谢彼得·奥斯诺斯和苏珊·温伯格给予的知识性的引导和不断的鼓励,感谢琳赛·琼斯孜孜不倦和极为专业的编辑支持。

本书的问世也得益于其他人的帮助。布里奇斯班慈善咨询公司的慈善知识管理人员艾莉森·鲍威尔,致力于让我们及时了解来自其他书籍和博客的相关知识。在2009年,当我们刚刚开始研究本书的基本架构时,瑞加娜·马鲁卡就与我们一道工作。杰夫·克鲁克珊克协助我们撰写和修改最终变成终稿的部分内容。珍·索韦和黛玻·戈登·麦克尼利绘制了有说服力的插图，而苏珊·戴什诺赫和克里斯蒂娜·戈洛托提供了急需的行政辅助工作。

本书能够顺利问世，离不开戈德曼·萨克斯通过"戈德曼·萨克斯公益事业中心"给予的慷慨支持，以及约翰·R. W. 罗杰斯和迪娜·哈比卜·鲍威尔坚持不懈的指导。他们对于我们的信念，对于慈善事业的忠诚，以及他们确立的卓越的标准，连同他们要为这个世界多做善事的由衷的愿望，远远地超过了我们的想象。他们是最好的合作伙伴。

我们衷心地感谢你们所有人给予我们的支持；你们每个人给予我们两个人的协同工作的帮助，促成了这本著作的顺利问世。如果本书包含的见解、思想和案例能够真正帮助慈善事业结出累累硕果，那么受益者将不仅仅是它的读者和作者，还有（这一点更为重要）所有因你们的努力而让人生变得更加美好的人。谢谢你们。

译后记

慈善是历史最悠久的社会传统之一，它通过捐助金钱和提供其他形式的服务来提升人类的福祉。不过，作为慈善行为的主体，无论是个人捐赠者、基金会还是其他各种非营利组织的管理者，目前大都陷入一种窘境，那就是难以充分发掘自身潜力，经常面临诸多棘手的问题，其中最突出的问题就是"表现不如预期"。正如本书作者所言，他们都梦想着要让事业取得最佳结果，但与此同时，他们却没有能力实现更多的自我价值。针对慈善领域普遍存在的诸如此类的问题，本书不仅进行了细致的分析，提供了大量的例证，而且给出了权威性的指导和建议。

就像两位合著者所说的那样，事实上，这本书是他们"从迥然不同的起点出发而展开的一次殊途同归的旅行"。托马斯·蒂尔尼最初在商业界打拼，曾担任美国贝恩管理咨询公司全球事业部负责人，也是布里奇斯班慈善咨询公司的创立者之一和董事会主席。约尔·L. 弗莱什曼是美国杜克大学教授，也是该校桑福德公共政策学院战略慈善事业和民间团体中心的创建者和资源部主席。作为他们的个人经验和他们所服务的机构经验的一次汇总，本书充分阐述了理论与实践、商业和学术、捐赠与受赠之间的密切关系。

慷慨的慈善行为是人性理想状态的一种完美表达，能够给一个捐赠者的人生带来极大的乐趣。然而，作者认为，仅仅有慷慨行为是不够的。一种慈善事业是否出色，既要看它取得的结果，也要看慈善行为本身的意义。确切地说，捐赠者、基金会以及非营利组织都应当系统地考虑各自希望实现的目标：什么是符合你对于成功的定义的结果，什么是取得成功的途径和手段，以及什么是促使慈善计划在一段时间后产生更佳效果的方式，等等。总而言之，本书在这些方面（尤其是就如何建立高效率的慈善途径这一主题）进行了全方位的阐述，它致力于让一切慈善活动变得更加务实和更有效率。

"慈善事业是所有事业当中最高贵的事业，"作者指出，"它现在已发展成为一种充满活力的事业，而且，各种新颖的慈善观念正在从相关社会部门和全球范围内不断涌现。"人类世界的确需要更多的慈善行动和更具针对性

译后记

的慈善观念，城市贫民窟、贫困的农村、失学的孩子、被砍伐的森林、不洁净的水以及会造成严重后果的多种疾病，所有这一切社会问题都亟待解决或者予以缓解，这其实是每一个慈善参与者义不容辞的责任，而且，我们每一个普通公民亦应尽自己的微薄之力，以不同方式成为慈善事业大家庭的一员，为人类的福祉做出应有的贡献。有鉴于此，我们有必要更深入地了解慈善事业的基本情况和运作规律，进而力求掌握"一流慈善的艺术"，这也是吉姆·柯林斯、约翰·怀特海德和皮埃尔·奥米戴尔等名人力荐本书的原因之一。《从梦想到影响》一书的读者对象范围广泛，包括个人捐赠者、基金会负责人、慈善顾问、受托人，以及决心在慈善事业中有所作为的所有类型的决策者，与此同时，它也是承担各种慈善使命或任务的组织（也即慈善事业的受让人）的领导者，以及所有关心和热爱慈善事业的人士的必读之作。

需要指出的是，能够将这样一本佳作翻译过来并介绍给中国读者，是一项极具挑战性的工作，这其中离不开多位专家、同仁和友人的大力支持和协助，在此我要感谢曹娜、边静、高斌、宋乃国、王睿、赵莹、王笛（因篇幅所限，恕不

——列举）等15人，他们的辅助工作对于本书的顺利完稿功不可没，在此表示由衷的和诚挚的谢意。

于海生

2012年12月